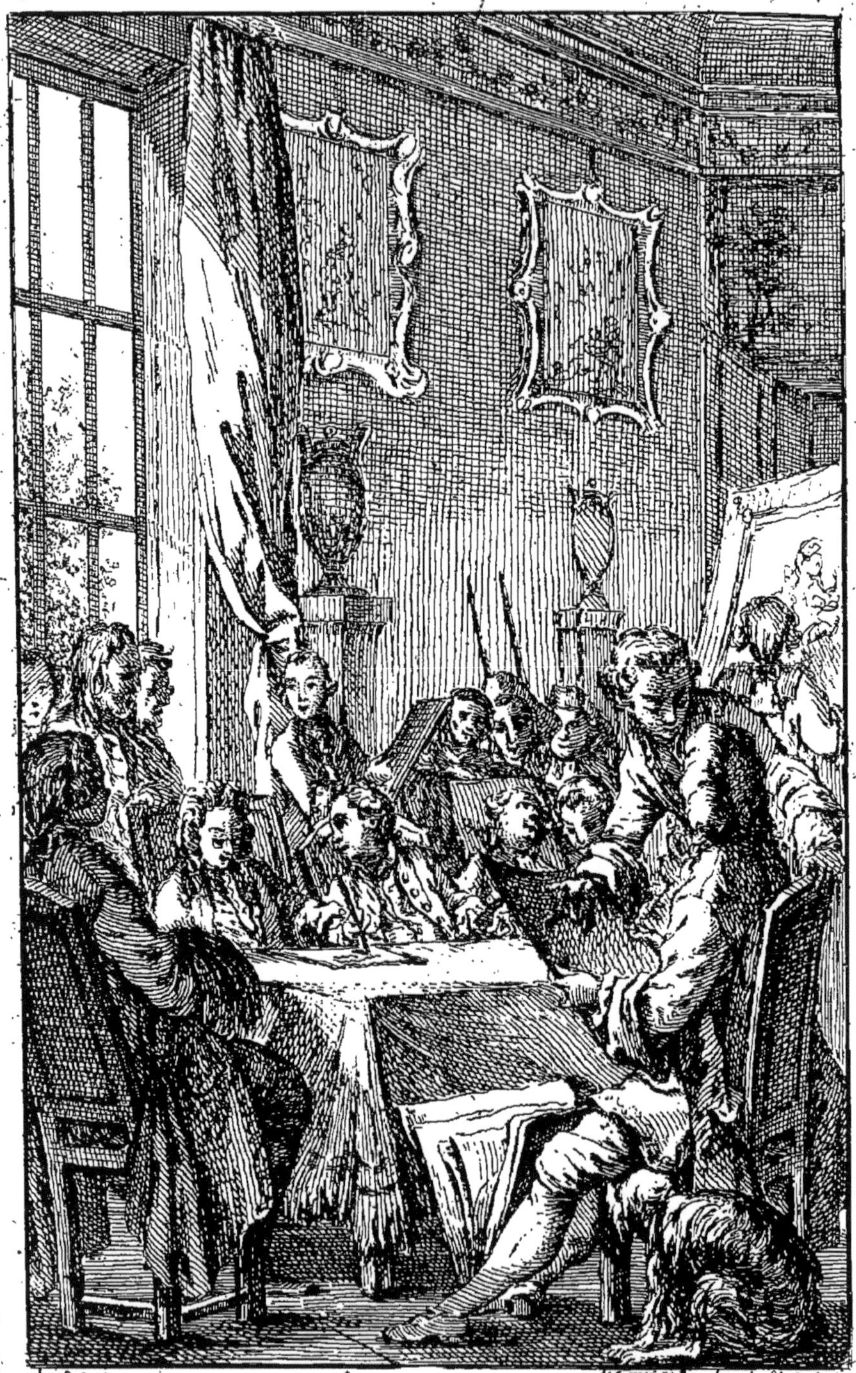
Baudoin inv.
Laquier St. Sculp.

CATALOGUE

RAISONNÉ

DES TABLEAUX,

DESSEINS ET ESTAMPES

DES PLUS GRANDS MAIRTES,

Qui composent le Cabinet de feu Monsieur POTIER, Avocat au Parlement.

Par les Sieurs *HELLE & GLOMY.*

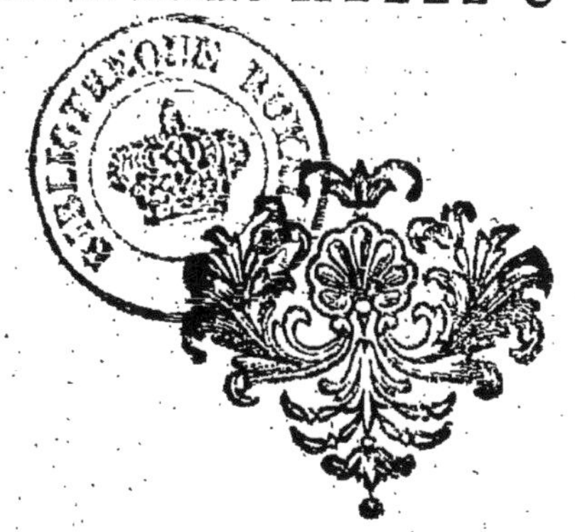

A PARIS,

Chez DIDOT, Libraire & Imprimeur, Quai des Augustins, à la Bible d'or.

M. DCC. LVII.

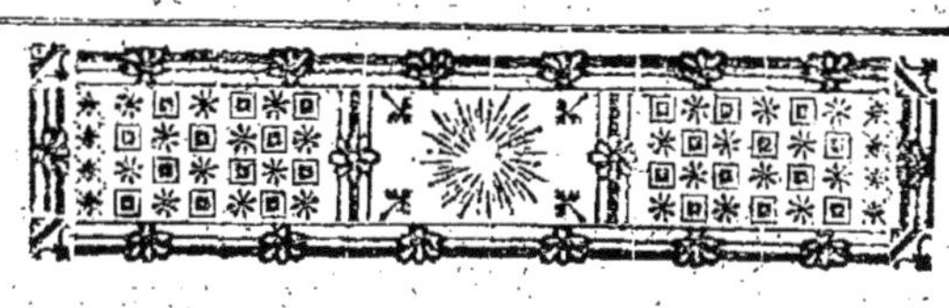

AVANT-PROPOS.

L'Amitié dont feu Monfieur Potier nous a toujours donné des preuves fenfibles , nous engage, en expofant aux Amateurs le détail des morceaux curieux de fon Cabinet , de rendre à fa mémoire le jufte tribut de louanges que nous lui devons. En effet, la confiance qu'il avoit en nous , s'eft foutenue , pour ainfi dire, jufqu'au de-là des bornes de fa vie ; puifque par un article exprès de fon codicille , il nous a remis le foin d'expofer en vente , la partie de fa fucceffion pour laquelle il a toujours confervé une prédilection particuliere , & d'en faire un Catalogue , qui en puiffe faire fentir tout le mérite : heureux fi nos talens repondoient à l'idée flat-

A ij

teufe qu'il s'en étoit formé : du moins ferons-nous tous nos efforts pour repondre, autant qu'il nous fera poffible, à fes intentions, en faifant connoître aux Amateurs non-inftruits, tout le mérite des morceaux qui font l'objet des recherches des Connoiffeurs, en nous renfermant cependant dans les bornes d'une exacte vérité, pour fatisfaire également aux loix de la probité & de la fincérité.

L'amour des beautés de l'Art dépendant du Deffein, s'étoit manifefté chez Monfieur Potier dès la plus tendre jeuneffe. Dans le cours de fes études, il ne connoiffoit point d'autres délaffemens, que la fatisfaction qu'il trouvoit à faire acquifition de Deffeins & d'Eftampes. L'argent que les Parens donnent ordinairement pour les menus-plaifirs des écoliers, & que cette jeuneffe dépenfe communément en frivolités, étoit employé par M. Potier à fatisfaire fon goût pour la curiofité : c'eft ce qui le mit en relation avec les plus célebres Amateurs de ce temps, tels que M. de Beringhen, M. de Torcy, M. de Clairembault, & autres perfonnes auffi diftinguées par leurs mérites perfonnels, que par leur amour pour les Arts ; mais feu M. de de Blois fut celui dont il cultiva l'amitié avec le plus de foin ; cet Amateur, qui dans plufieurs voïages qu'il fit en Italie, en Flandres, & ailleurs, avoit ramaffé un grand nombre de Chefs-d'Œuvres, en Deffeins & en Eftampes, fe faifoit un plaifir d'en faire remarquer le mérite au jeune Potier : par-là il fit naître en lui un goût qu'il a depuis conftamment confervé, & qui s'eft encore augmenté par la connoiffance qu'il fit avec le célebre Sebaftien le Clerc, cet Artifte laborieux, qui nous a laiffé un fi grand nombre d'Eftampes, dont les compofitions extrême-

A iij

ment variées, font auffi aimables,
que bien exécutées. M. Potier
nous a fouvent raconté avec com-
plaifance l'époque de la liaifon
qu'il eut avec cet habile Maître.
Le Lecteur ne fera peut-être pas
fâché que nous lui en faffions un
recit abrégé.

Monfieur Potier, non-content
de jouir de la vûe des Cabinets
qui lui étoient ouverts avec cette
politeffe ordinaire à tour les Amateurs, voulut à fon tout former un
choix d'Eftampes & de Deffeins,
pour fe procurer leurs vifites. Dans
les commencemens n'ayant pu acquérir que de ces morceaux qui fe
trouvent ordinairement, il eut la
petite mortification de voir, que
ces anciens Curieux, en les regar-
dant, ne témoignoient point cette attention mêlée de furprife que
l'on a coutume de marquer à la
vûe d'un beau morceau que l'on
admire pour la premiere fois; ils
fe contentoient de dire, cela eft

beau, mais nous avons toutes ces Pieces. M. Potier, piqué de leur indifférence, chercha les moyens d'en tirer une petite vengeance, auffi pardonnable qu'agréable. Il fut trouver M. le Clerc, & le pria de lui graver avec foin un petit morceau à fon choix, proportio-né au prix que fa faculté d'Eco-lier pouvoit lui permettre. Cet ha-bile homme fit une petite Venus fur les eaux, portée dans une con-que, tenant d'une main la pomme d'or qui fut le prix de fa beauté, & de l'autre un voile, lequel en-flé par les Zephirs, fert à faire vo-guer la Déeffe. M. Potier, après avoir païé la planche, retira les épreuves que M. le Clerc en avoit fait imprimer pour lui, enfuite invitant les Curieux à venir voir fes nouvelles acquifitions, il leur montra cette Eftampe qu'ils ne connoiffoient pas; ils en admire-rent la compofition & la gravure, & reconnoiffant qu'elle étoit de le

Clerc, ils courent auſſitôt chez l'Artiſte ; mais ils ſont bien ſurpris d'apprendre qu'il n'en a aucunes épreuves, & que M. Potier étoit le ſeul qui pouvoit leur en donner. Comme les Ouvrages de M. le Clerc étoient, avec raiſon, extrêmement eſtimés, les Amateurs ſe plaiſoient à recueillir tout ce qu'il mettoit au jour ; ils furent donc obligés de faire leur cour au nouveau Curieux, qui ſe fit long-temps prier ; & de cette maniere tira l'eſpece de vengeance qu'il s'étoit promiſe, du mépris qu'on avoit paru faire de ſes premiers eſſais de curioſité. Ce morceau eſt devenu fort rare, parcequ'il n'y eut d'épreuve que celles que M. le Clerc avoit fait tirer au nombre de douze ; M. Potier en donna quelques-unes à ſes meilleurs amis. Depuis il perdit la planche & le reſtant des épreuves, ſans avoir jamais pu découvrir ce qu'elle étoit devenue, ce qui l'obligea d'en faire recommencer une seconde, dont la Venus diffère pour l'attitude. De cette seconde M. Potier n'en fit tirer que douze. Son deſſein étoit de la ſupprimer enſuite pour la rendre rare, & ſatisfaire la petite manie que beaucoup de Curieux avoient autrefois, d'eſtimer moins le beau que le rare ; mais pour ne pas perdre entierement cette planche, il s'eſt contenté dans ces derniers temps de faire ajouter par M. Eiſen, un Triton qui pouſſe la conque de Venus, & un petit Amour qui vole devant, portant ſon flambeau. Pour la même raiſon, il a auſſi fait changer la petite planche du Saint Claude dans un Paï-ſage, auquel on a ſubſtitué une Madeleine, après en avoir tiré ſeulement douze épreuves, telles que M. le Clerc l'avoit gravée. Ces deux Planches ne furent pas les ſeules que M. Potier fit exécuter à cet habile Graveur, il lui fit en-

A v

core graver le Songe de Salomon, d'après un Tableau de le Sueur, qu'il possedoit ; le Portrait de M. Potier d'Aubancourt son pere, en forme de Médailles, & l'histoire de Psychée en quatre feuilles, dans lesquelles on admire la belle composition, traitée dans le goût le plus gracieux, & tel que l'exigeoit le sujet.

M. Potier ne se borna pas à orner son Cabinet des Ouvrages de nos habiles Modernes : il sentit de bonne heure que pour se former un grand goût, il falloit le puiser dans les Ouvrages des grands Maîtres d'Italie ; il rechercha donc avec soin les Estampes de Marc-Antoine, des Caraches, & des autres Maîtres qui ont travaillé à immortaliser les Tableaux des plus excellens Peintres : avec quel succès n'a-t'il pas rempli son projet. On peut dire, avec vérité, que son recueil des Maîtres d'Italie, est un des plus beaux qui aient été formés depuis longtemps , ſoit pour le choix & le nombre des morceaux, ſoit pour la beauté des épreuves.

Quoique ſa colection de Deſ-ſeins ne ſoit pas auſſi conſidérable que celle des Eſtampes , il s'y trouve cependant beaucoup de morceaux précieux & intéreſſans ; il forma ſur-tout un recueil nom-breux de Deſſeins de le Sueur, pour lequel il avoit un grand amour : il regardoit avec juſtice ce grand Maître comme le pre-mier Peintre de la France, & dont le mérite approchoit ſi fort de ce-lui de Raphael , qu'il ne fit pas difficulté de raſſembler les Ou-vrages de ces deux excellens Pein-tres , dans le même volume.

Cet amour pour les Arts, qui occupoit ſi agréablement les loiſirs de M. Potier , en avoit fait un homme aimable , qui a ſu conſer-ver juſques dans un âge très avan-cé , cette humeur gaie qui n'eſt preſque jamais que le partage de la jeuneſſe ; auſſi diſoit-il que pour ſe conſerver longtemps en bonne ſanté, il falloit être Curieux, parceque le plaiſir pur dont on jouit, n'altere point le temperament comme les autres divertiſſemens, qui pris ordinairement ſans modération & avec plus de fatigue, ruinent la ſanté, & abrégent les jours. Il citoit pluſieurs exemples de Curieux, dont la vie avoit été auſſi longue que tranquille, ſurtout M. de Blois, ſon ami, qui ainſi que lui, avoit pouſſé ſa cartiere au de-là de quatre-vingts ans. Rempli de cette idée, il a conſervé juſqu'à la fin de ſes jours cet attachement qu'il avoit toujours eu pour les belles choſes ; & quelques jours avant ſa mort, il avoit acquis de nouvelles Eſtampes avec le même plaiſir que dans les premiers temps de ſa curioſité. Cependant on ne doit pas attribuer cet attachement à une envie d'écarter les penſées d'une fin dont il fentoit les approches ; car il nous donna pendant fa maladie des preuves bien certaines d'une réfignation auffi Chrétienne que Philofophique , en nous faifant venir exprès pour nous recommander de mettre tous nos foins à faire valoir autant qu'il feroit poffible la vente de fon Cabinet après fa mort ; & comme nous voulions éloigner de lui cette idée, il nous dit avec fermeté , Meffieurs il faut finir. Je crois qu'on pardonnera à notre amitié la jufte douleur que nous marquons ici de fa perte , que nous partageons avec la famille & les amis d'un homme fi digne d'être regretté.

La vente de ce Cabinet fe fera le Lundi, 28 Fevrier 1757, dans la maifon du défunt , ruë Gilles-Cœur , la premiere porte cochere à droite en entrant par le Quai des Auguftins.

Nous aurons foin d'entremêler à

chaque vacation les Deſſeins, Eſtampes & Tableaux, pour ſatisfaire, par la variété, les Amateurs,
& on vendra exactement chaque
jour les Nᵒˢ. indiqués dans la feuille des vacations qui ſe trouve à la
fin de ce Catalogue ; ainſi qu'il a
été pratiqué à la vente du Cabinet
de M. le Duc de Tallard.

Article obmis dans le Catalogue.

Nᵒ. 746. *bis.* Une Etude d'un homme
nu, à genoux, deſſinée à la plume,
par Raphael : Ce morceau eſt bien
original, & d'une grande correction
de Deſſein. Il eſt ſous verre, dans une
bordure dorée. On le vendra à la derniere Vacation du 15 Mars.

TABLE
DES MATIERES.

CATALOGUE

CATALOGUE

DES

DIFFERENS EFFETS

Qui composent le Cabinet de Feu M. POTIER, Avocat au Parlement.

DESSEINS.

RAPHAEL & le Sueur ont été les Maîtres, pour lesquels M. Potier a toujours eu un amour particulier. Il s'étoit attaché à rechercher leurs desseins, avec la plus grande ardeur. Il avoit eu le bonheur de réussir dans le choix de ceux de le Sueur ; s'il n'en a pas

A

été de même de ceux de Raphael,
il faut l'attribuer à la grande rareté de ces Desseins, qui pour lors
étoient presque tous renfermés
dans le celebre Cabinet de feu M.
Crozat; cependant après le décès
de M. de Blois, il fit l'acquisition
de plusieurs morceaux de mérite,
parmi lesquels il s'en trouva quelques-uns qui avoient toujours pas-
sés, chez ce grand Curieux, pour
des Desseins précieux de Raphael.
Il seroit à souhaiter qu'ils eussent en
effet le mérite de l'originalité, tel
que le pensoit feu M. de Blois, qui
dans son tems avoit la réputation
d'un bon Connoisseur; mais la
sincérité, dont nous faisons pro-
fession, ne nous permet pas d'assurer que cet Amateur ne fût pas
dans l'erreur. Les Desseins de Raphael ayant été dans tous les tems
l'objet de la recherche des Amateurs & des Artistes, il n'est pas
surprenant que d'habiles Peintres,
même du temps de ce grand Maître, aient fait des copies tou-

chées avec art, dont le mérite fut
aſſez grand pour paſſer comme
originales, & comme telles, mé-
riter de trouver place dans les meilleurs Cabinets. Nous pouvons cependant aſſurer, que dans le nombre de ceux dont nous allons donner la note, il y a des études à la
plume, dont l'originalité eſt cer-
taine; c'eſt ce que pourront aiſé-
ment remarquer les Connoiſſeurs
en cette partie, qui de toutes eſt
la plus difficile, & demande la
plus grande application; à l'égard
des Deſſeins des autres Maîtres
plus modernes, tant d'Italie, que
de Flandres, & de France, nous
avons eu ſoin de ne les attribuer
qu'à leurs véritables Auteurs, &
nous avons mieux aimé en laiſſer
pluſieurs à la déciſion de ceux, à
la connoiſſance de qui rien n'é-
chappe, que de riſquer de leur
donner des Noms équivoques.
Nous eſperons, par cette condui-
te exempte de déguiſement, mé-
riter la confiance des Amateurs

dans toutes les occasions où nous
nous trouverons d'exposer en vente des Objets dignes de leur cu-
riosité. Nous avons cru qu'il seroit
inutile de subdiviser les différentes
Ecoles d'Italie, soit dans les Desseins, soit dans les Estampes,
parceque les personnes qui voudront s'instruire parfaitement de
ces subdivisions, pourront consul-
ter le Catalogue des Desseins du
Cabinet de M. Crozat, fait avec
soin par M. Mariette, & celui du
Cabinet de M. le Duc de Tallard,
où on s'est attaché à placer chaque
Peintre dans sa véritable Ecole.
Nous nous sommes contentés dans
celui-ci, de placer les Desseins &
Estampes sous les trois écoles gé-
nerales d'Italie, de Flandres, & de
France, afin d'éviter de le grossir
par la multiplicité des titres.

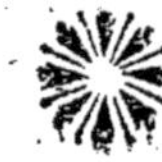

ECOLE D'ITALIE.

1. Neuf Desseins de Michel-Ange, Bandinelle, Daniel de Volterre, & autres Maîtres Florentins.   18 2

RAPHAEL SANCIO D'URBIN.

2. Cinq Desseins à la plume, dont une Femme qui écrit : joli Dessein fait avec beaucoup de soin ; & une étude pour le St. Jean dans le désert, qui est au Cabinet de M. le Duc d'Orléans.   RAPHAEL. 38

3. Quatre Desseins à la plume : savoir une étude d'Ange, portant une guirlande, pour un tableau d'un Prophete que Raphaël a peint dans l'Eglise de St. Augustin à Rome, & qui a été gravé par Goltius : on a joint cette Estampe au Dessein ; le second est l'étude de ce Prophete : le troisieme est une étude à la plume, de la formation d'Eve, peinte dans les loges du Vatican ; & le dernier un étude d'un groupe de plusieurs figures, qui sont répétées au verso de ce Dessein avec plusieurs différences.   148

4. Cinq Desseins, dont Hebé servant le   24

RAPHAEL.

nectar aux Dieux, lavé de biftre re-hauffé de blanc. Ce morceau vient du Cabinet de M. Crozat.

5. Cinq Deffeins, dont une Réfurrec-tion, au biftre, rehauffé de blanc, & Abraham qui reçoit les trois Anges. Ces deux Deffeins viennent du même Cabinet que le précédent.

6. Deux compofitions de Raphaël, dont N. S. préchant à la porte du Temple, avec l'Eftampe qui en a été gravée par Marc-Antoine.

7. Une fainte Famille, lavée d'encre de la Chine, & rehauffée de blanc : Def-fein très fini, qui a toujours paffé chez M. de Blois pour original de Raphaël, & très précieux. M. Potier en faifoit un cas particulier. On y a joint deux Eftampes de cette même compofition avec quelques différences, l'une de Cherubin Albert, & l'autre de F. Poilly.

8. Deux Deffeins de la compofition de Raphaël ; favoir le fonge de Jacob, & N. S. donnant les clefs à St Pierre.

9. Deux compofitions, dont une, très finie au biftre, repréfente David, coupant la tête de Goliath. Il vient du Cabinet du Comte d'Arondel, où il paffoit pour original & le capital de fa collection. Nous y avons joint l'Ef-tampe.

10. Six Desseins de différens Eleves de Raphaël, Polidore, Luccas Penni & autres.

11. Huit Desseins de l'Ecole de Raphaël, dont un Satyre, tenant une chevre & badinant avec un Amour: joli Dessein de Jules Romain.

12. Quatre Desseins, dont un Saint Paul, par Perrin del Vague, & une Nativité de Jerome Siciolante de Sermoneta.

13. Six Desseins de différens Maîtres de l'Ecole de Raphaël, dont trois feuilles d'ornemens de Jean d'Udiné.

DIFFERENS MAÎTRES.

14. Six Desseins de différens Maîtres, dont un concert d'Anges, par le Vasari.

15. Neuf Desseins, la plûpart de Labelle, dont une jolie étude de jeune homme, à la plume.

16. Quatre morceaux, dont une tête de Soldat parfaitement bien dessinée aux trois craïons, par le Baroche, & une Sainte Therese, du Féti. Les Desseins de ce Maître sont très rares.

17. Sept Desseins, la plûpart de Zuccaro, dont Psyché reconnoissant l'Amour, & deux compositions différentes d'une Sainte Cecile.

RAPHAEL.

18. Six Desseins de différens Maîtres, dont le sacrifice d'Iphigenie, & une gloire d'Anges, par Cirofer.

19. Six Desseins, dont le Raviffement de Saint Paul, par le Romanelli.

20. Quatre Desseins, dont un portrait de femme, accompagné de divers ornemens, par le Cavalier Bernin, & un Païsage colorié de Benedetto Luti.

21. Deux fort beaux Desseins du Bachiche, dont une penfée très favante, pour un plafond : le second paroît une étude pour des groupes d'Anges du même plafond.

22. Huit Desseins, dont un Amour de l'Albane, une Vierge de Carle Maratte, & une jolie étude au craïon noir fur papier bleu, par le Dominiquain.

23. Quatre Desseins de l'Ecole de Carle Maratte, dont une feuille d'Etude du Berettoni, le meilleur éleve de ce Maître.

24. Deux Desseins; favoir N. S. donnant les clefs à Saint Pierre, très belle compofition à la plume, lavée de biftre, par Vanius; le fecond eft un groupe de trois figures, deffiné à la plume fur papier gris, & rehauffé de blanc, par Dominique Beccafumi,

dit le Micarino, dont la maniere eſt fort ſinguliere.

25. Quatre Deſſeins, dont la maladie d'Alexandre, belle compoſition de Lanfranc. *27 — 1*

26. Trois Deſſeins du Corrêge & de ſon Ecole, dont l'Etude d'une Liſeuſe. *9*

27. Sept morceaux du Parmeſan, dont la plûpart ſont des études à la plume, deſſinées avec toute la grace & la légereté ordinaires à cet excellent Maître; article extrêmement intéreſſant. *48*

28. Six Deſſein du Parmeſan, dont une étude très finie à la plume, lavée de biſtre. *56*

29. Sept Deſſeins de différens Maîtres, dont la mort de la Vierge, grande compoſition du Brigio. *9 — 10*

LOUIS, ANNIBAL, ET AUGUSTIN CARACHE.

30. L'Aſſomption de la Vierge, très beau Deſſein de Louis Carache, à la plume, lavé de biſtre. LES CARACHES. *30 — 10*

31. Un Deſſein capital de Louis Carache, à la plume, lavé de biſtre, repréſentant une Vierge dans la gloire, accompagnée de pluſieurs Saints. *150*

Ce morceau, ainſi que le précedent, eſt un ſûr témoignage du mé-

A v

rité de ce grand Maître, qui a réuni les graces du Correge, dont il étoit grand admirateur, avec le savant de la Composition ; partie qui a particuliérement distingué la célebre Ecole des Caraches.

32. Sept Desseins de Louis, & Annibal Carache, dont Saint Antoine de Padoue guérissant un aveugle, par Louis, & un morceau des cris de Boulogne, dessiné à la plume par Annibal, avec l'Estampe de ce Dessein, gravée par M. le Comte de Caylus.

33. Quatre belles têtes, au craïon noir, par Annibal Carache.

Cet excellent Artiste, avec peu d'ouvrage, a su rendre dans la plus grande vérité, le caractere de toutes les têtes qu'il dessinoit pour l'exécution de ses Tableaux.

34. Cinq Desseins, la plûpart d'Augustin Carache, dont le portrait de ce Maître, dessiné par Annibal.

35. Un fort beau Dessein à la plume, d'Augustin Carache, représentant une colation champêtre.

36. Sept Desseins, dont une Académie d'homme, vue par le dos, par Annibal Carache.

37. Sept Desseins des Caraches.

38. Sept Païsages de l'Ecole des Cara-

ches; au verso d'un de ces Desseins
se trouve six petites études à la plume, pour un Saint Jean dans l'isle de
Pathmos.

DIFFERENS MAÎTRES.

39. Sept Desseins du Guerchin & de son
Ecole, dont un beau Païsage & une
Cléopâtre.

40. Deux beaux païsages à la plume, par
le Guerchin. Il y en a un, dont la
composition est assez étendue, ce qui
n'étoit pas ordinaire à ce Maître, dont
les Sites sont toujours fort simples.

41. Un très joli Dessein, représentant
des jeux d'enfans, par François Brizio.
Il est à la plume, très spirituellement
touché au bistre; il approche beaucoup de la maniere du Guerchin. On
y a joint l'Estampe qu'en a gravée M.
le Comte de Caylus.

42. Quatre Desseins du Guide, dont une
Nativité & un groupe pour le Massacre des Innocens; ces deux morceaux
qui sont dessinés des deux côtés, ont
tout l'esprit & la finesse qui caracte-
rise les Desseins de ce gracieux Eleve
des Caraches.

43. Dix Desseins du Guide, Pesarès, &
autres Maîtres, dont une Vierge pré-

A vj

fentant la mamelle à l'Enfant Jefus.

44. Cinq Deffeins, dont le Baptême de N. S. qu'Elifabeth Sirani a peint aux Chartreux de Boulogne ; c'eft le troifieme Deffein du même fujet avec des différences, qui nous foit paffé par les mains, ce qui fait voir les foins que cette fille habile, Eleve du Guide, a pris pour porter cette compofition à fon entiere perfection.

45. Dix Païfages à la plume, de la meilleure touche du Bolognefe.

46. Sept Païfages à la plume, dont deux de Crefcentio Onofrii, la plûpart des autres font du Gobbo des Caraches.

47. Notre Seigneur trouvé dans le Temple par la Vierge & Saint Jofeph ; beau Deffein du Cavedon, à la plume, lavé de biftre.

48. Huit Deffeins de différens Maîtres, dont une Vierge de Camille Procacini, & une Transfiguration très fpirituellement deffinée d'une maniere eftompée, par André Sacchi.

49. Deux Deffeins du Mutien, dont un parfaitement beau païfage à la plume.

50. Sept Deffeins de différens Maîtres, dont Poliphême, par le Mole, & un concert du Primatice.

51. Un très beau Païfage à la plume, du Titien, de fon meilleur tems.

Le Titien a particulierement réussi
à deffiner le Païfage ; fa plume facile
& favante, fans être maniérée, rend
avec une grande vérité, les différens
objets dont il a enrichi fes compofitions, & il fervira toujours de modele à ceux qui voudront deffiner le
Païfage dans le grand goût.

52. Sept Deffeins de Maîtres Vénitiens,
dont une belle compofition de Paul
Farinati.

53. Onze Deffeins de l'Ecole Vénitien-
ne, dont Loth & fes filles : joli Deffein à la plume du vieux Palme.

54. Treize Deffeins, la plûpart Païfages,
du Campagnole.

55. Quatre Deffeins Vénitiens ; favoir
un bain de Diane du Tintoret, d'une
belle compofition & d'une touche légere : un Portrait au Paftel du Padouan ; une feuille d'Etudes parfaitement deffinée à la plume, & lavée de
biftre, du jeune Palme ; & une belle
compofition, dans la maniere du Zuccaro.

56. Huit Deffeins de différens Maîtres,
dont une compofition finguliere de
Pietro Ligorio, repréfentant un Mort
fortant de fon tombeau en préfence
d'une multitude effrayée : une Nati-

vité de Michel-Ange Ceruti, très bien
compofée, & autres.

29 2   57. Deux Deffeins ; favoir Agar confo-
lée par un Ange, du Milanefe, & un
Baptême de N. S. très joli Deffein du
Burini, à la plume, lavé de biftre.

13   58. Dix Deffeins de différens Maîtres,
dont une Vierge du Cangiage, & un
facrifice d'Abraham du Pordenon.

26 19 59. Un Deffein de Bifcaino, repréfentant un Vieillard vu jufqu'aux genoux;
morceau très bien confervé.

15   60. Quatre Deffeins de différens Maî-
tres, dont un Païfage à la plume, du
Gofredi, & un autre à l'encre de la
Chine, par Both d'Italie.

14   61. Six Deffeins de Salvator Rofe & de
fon Ecole, dont une petite frife deffinée à la plume des deux côtés, repréfentant des Dieux marins fur les eaux.
Ce morceau eft de la meilleure touche
de Salvator Rofe.

46   62. Quatre Deffeins ; favoir un de Sebaftien Ricci, très fpirituellement
deffiné à la plume ; le Triomphe de
Neptune & Amphitrite, par Dominique Piola; la Poéfie épique, compofition gracieufe de Dominique Pa-
rodi, & une Vierge de Carle Maratte.

12   63. Trois Deffeins, dont un très beau

de Giacomo del Po, représentant Venus donnant des armes à Achile.

Les Desseins de ce Maître sont très
rares; il est un de ceux qui ont le
mieux soutenu à Rome le bon goût de
l'Ecole de Carle Maratte.

ECOLE FLAMANDE.

IL se trouve dans ces Desseins
Flamands beaucoup de morceaux
extrêmement agréables. Il y en a
sur-tout de coloriés, qui avoient
été apportés de Hollande par le Sr.
Helle dans son dernier voyage,
auxquels M. Potier n'a pu se ré-
fuser, pour marquer le zele qu'il
conservoit toujours pour la curio-
sité, dont cependant sa derniere
maladie lui a très peu permis de
jouir. C'est principalement dans
les Païsages, que l'on trouvera
que les Maîtres Flamands & Hollandois sont, de tous les Peintres,
ceux qui ont le mieux réussi à

imiter la Nature dans cette belle simplicité ; ce qui leur donne un caractere de vérité, qui fera toujours le charme des Amateurs de bon goût.

64. Sept Desseins de différens Maîtres, dont l'Enlevement des Sabines, belle composition de Rothenamer.

65. Neuf Desseins, dont plusieurs de Martin de Vos, une chasse de Stradan, & autres sujets de différens Maîtres.

66. Huit Desseins de Van Tulden, Diapenbeck, Corneille Schut, & autres Eleves de Rubens.

67. Dix Desseins Flamands, dont un joli à la plume, de Théodore de Brie, qui représente le Parnasse.

68. Sept Desseins, la plûpart de Paisages, par Hans Bol, Bloemaert, & autres Maîtres.

69. Un Dessein capital de Van-Dyck, très bien touché à l'huile, qui représente David à genoux, implorant la miséricorde de Dieu, qui paroît dans le haut de la composition, porté sur des nuages par des Anges. Ce morceau, qui est fini, est d'un bel effet, & tel qu'on devoit l'attendre d'un

excellent Peintre, qui a été le meilleur Eleve de Rubens.

70. Un très beau Deſſein colorié, très
fini de Jacques Jordaens, repréſentant un Satyre qui preſſe des raiſins;
il eſt accompagné de pluſieurs enfans,
dont un reçoit le jus des raiſins dans
une coupe; au bas eſt un tigre en-
dormi. Ce Deſſein eſt extrêmement
agréable, & fait l'effet d'un Tableau. 78

71. Un Deſſein colorié, très gracieux,
d'Eraſme Quellinus. On y voit l'édu-
cation d'Achilles, par le Centaure
Chiron. 21

72. Cinq Deſſeins de l'Ecole de Rubens,
dont une compoſition de Juſte d'Eg-
mond, deſſinée au crayon noir, lavé
de biſtre. 35 . 10

73. Dix Deſſeins, la plûpart Païſages,
dont un de Van Uden, & un de
Goms, qui repréſente la Déeſſe Flore,
accompagnée de pluſieurs Divinités. 15 . 1

74 Quatre Deſſeins, dont trois de Rembrandt; ſavoir un belle étude d'un
homme couvert d'un manteau, un
Païſage à la plume, & un autre Païſage fait au pinceau avec le biſtre,
dont l'effet eſt extrêmement piquant. 12 . 10

75. Un Deſſein capital de Doomer,
Eleve de Rembrandt, où ſe trouve
repréſenté le repas de J. C. avec les

Difciples d'Emmaüs. L'effet de clair-obfcur y eft auffi bien exprimé, que dans les meilleurs de Rembrandt.

36. 5   76. Quatre Deffeins de Doomer, dont deux très finis, & d'un effet de lumiere furprenant. Le premier eft un Païfage, & l'autre une chambre, dans laquelle fe voit un homme méditant, & une feconde figure appuyée fur le devant de la porte.

24   77. Six Païfages de Roghman, Linders, Livens, & Van Eckoute.

12   78. Huit Païfages, dont quelques-uns des Breughels.

36   79. Un des plus beaux Païfages de Nieulant, dans lequel fe voit un Saint Jerôme. Il eft à la plume, lavé d'encre de la chine, & terminé avec très grand foin.

35   80. Huit Païfages, dont quelques uns de Paul & Matthieu Brill.

25   81. Onze Deffeins de différens Maîtres Flamands, dont un Païfage, où fe voit une ville dans le loingtain, par Matthieu Merian.

6 2   82. Deux Deffeins, dont une feuille d'enfans, à la plume, par François Flamand. Les Deffeins de ce Maître font de la plus grande rareté.

24   83. Six Deffeins, parmi lefquels eft une belle feuille d'études, à la mine de plomb, par D. Teniers.

84. Sept Desseins, dont deux belles com-
fitions de Verfcuring.

85. Six jolis Desseins, fujets & Païfages; favoir un Païfage de Van Schel-
linx, un de Van Keffel, le fermon
fur la montagne, par Bramer, une
vue de jardin, par Jofué de Grave,
un fujet de Van Orlay, & une vue de
Willem Baur.

86. Cinq Païfages deffinés avec foin,
entr'autres un de Vander Ulft, au biftre, & un de Pronk, colorié.

87. Six Païfages; favoir, deux très
beaux, d'Affelin, où fe voient des
ruines de Rome; un Deffein colorié,
de Van Kalle, exécuté avec beaucoup
de propreté; deux de Van Uden,
dont un colorié, qui eft deffiné avec
légereté, & un de Vaterlo, colorié.
Cet article eft fort agréable.

88. Sept Desseins; favoir, trois de Lai-
reffe, un d'Elifer, très fini pour un
titre de livre, & trois Païfages à la
plume, d'Albert Flamen, deffinés
tout-à-fait dans le goût de Callot.

89. Six Desseins de Païfages Flamands,
parmi lefquels on diftingue un morceau de Both, parfaitement bien compofé, où fe voit un Cavalier, buvant
devant la porte d'un cabaret, à l'entrée
d'une ville.

66   90 Trois Desseins; sçavoir, un Païsage dessiné avec un soin extrême, par A. Van Croos, une vue, par Hollard, & un morceau très fini de Mieris, représentant un salon, où se voit un Joueur de guittare, & dans le lointain plusieurs figures qui se promenent. Les Desseins de ce Maître sont fort rares, sur-tout d'un aussi grand fini que celui-ci. M. Potier en faisoit un cas particulier.

36   91. Quatre beaux Païsages; sçavoir, deux de Zeeman, d'un effet très piquant, un de Moucheron, & un de Molyn.

21   92. Douze Païsages de Maîtres Flamands; sçavoir, trois de Neyts, coloriés, un de Corn. Sckalke, & autres.

15   93. Six Desseins, dont un petit sujet champêtre, au crayon rouge, par Van Romeyn.

24   94. Six Desseins; sçavoir, un sujet champêtre de Roos, une Vache de Charles du Jardin, un départ pour la chasse à l'oiseau, par Huttemburg; les trois autres sont des Païsages, dont un d'Everdingen, très fin.

72   95. Quatre Desseins; sçavoir, un Païsage de Wlieger, d'un effet piquant, un de Troost, d'un composition singuliere, un très joli colorié de Linders,

& une affemblée de Quakers , par Schellings.

96. Sept Deffeins de Van Goyen , Bly-hooft, & autres Maîtres.   18

96. *bis*. Quatre Deffeins de différens Maîtres , dont une grande compofi-tion du Vieux Franck , repréfentant les nôces de Cana.   12 — 1

97. Six Deffeins , parmi lefquels eft un joli Païfage au biftre , orné de monu-mens antiques , par Rademaker.   15. 5

98. Six Païfages de différens Maîtres Flamands , dont un petit , colorié , par Henri Spelman , Maître moderne de la Hollande.   9 · 1

99. Deux très jolis Deffeins coloriés , un de Cuyp , & un de Chaalons ; ce der-nier eft très fini.   5 o

100. Huit Deffeins de différens Maîtres Flamands ; Païfages & Sujets.   15

101. Cinq Deffeins Chinois , dans l'un defquels fe voit un oifeau , finguliere-ment exécuté en plumes naturelles.   13 · 2

ECOLE FRANÇOISE.

CE qui conftitue la partie principale de cette collection de Deffeins François, c'eft une belle fuite de morceaux de le Sueur, que M. Potier avoit commencée depuis fort longtems, & qu'il avoit toujours augmentée dans les occafions qui s'étoient préfentées. On y trouvera beaucoup de fujets, qui, bien que légerement terminés, ainfi que le font prefque toutes les compofitions de ce Maître, ne laiffent pas que de donner une grande idée du génie favant qui les a produits. Le Sueur rempli de fon fujet, fe contentoit d'en exprimer les penfées avec vîteffe fur le papier, ne les indiquant le plus fouvent que par un fimple trait; mais ce qu'il a fait avec le plus de foin, ce font les études, d'après lefquels il peignoit fes Tableaux;

on en trouvera ici un grand nombre, qui feront juger aux Amateurs, que c'eſt avec raiſon qu'on a dit, que cet Homme admirable étoit animé du même génie que Raphaël. En effet, on y trouve cette grande maniere qui réunit toutes les beautés de l'antique avec la belle Nature; Draperies jettées avec grace, attitudes ſages & ſavantes, caracteres de têtes, nobles & touchants; en un mot, tout ce qui forme un excellent Maître ſe trouve réuni dans les ouvrages de le Sueur, & les met preſque de niveau avec ceux de Raphaël, qui, ſans contredit a toujours été regardé comme le premier de tous les Deſſinateurs.

ETUDES D'EUSTACHE LE SUEUR.

		LE SUEUR.	
102.	Neuf Etudes de le Sueur, la plûpart de têtes.	48	10
103.	Neuf Etudes, dont pluſieurs d'Enfans.	50	
104.	Douze Deſſeins, Etudes & Compoſitions.	24	"

Le Sueur.		
40	3	105. Huit Etudes, dont celle de l'aveugle né pour le Tableau que le Sueur a peint de ce sujet, qui étoit dans le Cabinet de feu M. le Duc de Tallard, & qui est passé dans celui du Roi de Prusse.
12		106. Neuf Etudes, la plûpart de la premiere maniere de le Sueur, qui tient de celle du Vouët.
30		107. Quatre Etudes, parmi lesquelles il y en a trois qui ont été faites pour les Tableaux de la vie de Saint Bruno, peints au cloître des Chartreux de Paris ; savoir, l'Etude de l'Officier, couché dans sa tente, à qui Saint Bruno apparoît, pour l'avertir du complot qui avoit été formé contre sa vie ; ce Tableau est le 20e. de la suite : un Ange qui est dans le septiéme Tableau du même cloître, & un petit Ange couché sur un des portiques, peint entre chaque Tableau, sur lesquels on a écrit en vers la vie du Saint, & dont le Clerc a gravé un morceau, pour servir de titre à la suite que Chauveau a donnée au Public, des belles Peintures, dont le Sueur a enrichi ce Cloître.
6		108. Sept Etudes du meilleur temps de le Sueur, dont une figure de Vieillard vue de profil, qui est dans le beau

Tableau

Tableau de Notre-Dame, repréſentant Saint Paul, faiſant brûler les livres des Philoſophes ; une autre Etude pour le même Tableau, d'un homme qui tient des livres ; une Etude
de l'homme qui tire le drap qui eſt
ſous le Saint Laurent, dont le Tableau étoit autrefois à Saint Germain
l'Auxerrois, & qui eſt préſentement
au Cabinet de M. de la Live de July,
Introducteur des Ambaſſadeurs ; un
Ange de la Gloire qui ſe voit dans le
même Tableau, & pluſieurs autres.

109. Neuf Etudes, dont celle de N. S. 42-12
pour un Tableau du lavement des
pieds.

110. Quatre belles Etudes au craïon 48
noir, rehauſſé de blanc ſur papier
gris, dont celle d'une figure, vue par
le dos, dans le Tableau de la maladie
d'Alexandre, qui eſt au Palais-Royal.

111 Huit Etudes, entre leſquelles on en 51
remarque une qui repréſente Dieu le
Pere, deſſinée dans le plus grand goût
de Raphaël.

112. Sept belles Etudes pour les Muſes, 124-19
qui ont été peintes par le Sueur à
l'hôtel Lambert. Elles ſont ſur papier gris, deſſinées au craïon noir,
rehauſſé de blanc.

B

COMPOSITIONS DE LE SUEUR.

16. 10 | 113. Douze Desseins, dont le Serpent d'Airain, & un repos en Egypte.

18. 1 | 114. Onze Sujets, dont un Christ au tombeau, & Moyse qui change sa baguette en serpent devant Pharaon.

29 | 115. Sept Desseins, dont le Saint Louis qui a été peint par le Sueur, pour la Paroisse de Saint Louis-en-l'Isle.

30 | 116. Trois Compositions, dont le Baptême de N. S. & le même Dessein répété d'une maniere plus terminée.

16. 1 | 117. Cinq Desseins, Esther devant Assuerus, une Nativité, & autres.

55. 1 | 118. Cinq différentes Compositions.

70. 15 | 119. Trois Desseins; savoir, la France couronnée par la Victoire, accompagnée de plusieurs figures allégoriques, & deux Compositions semblables de Jesus-Christ, qui montre la Religion. Un de ces deux Desseins est plus terminé, ayant été fait pour être gravé.

12. 6 | 120. Six Compositions, dont un Bain de Diane avec la Nymphe Calisto, peint à l'hôtel Lambert ; & Caligula qui fait mettre les cendres de sa Mere dans le tombeau de ses aïeux. Ta-

bleau qui a été peint par le Sueur
pour M. de Guenegaud.

121. Quatre Desseins, dont le Martyre
de Saint Sebastien, & une Etude du
même Saint au craïon noir, rehaussé
de blanc sur papier gris.

DIFFERENS MAÎTRES.

122. Six Desseins du Poussin, dont plusieurs d'après l'antique.

123. Douze Desseins, la plûpart Païsages, dont quelques-uns du Poussin.

124. Trois Desseins, dont deux belles
compositions de la Hire; savoir, la
Présentation de la Vierge au Temple,
& celle de N. S. Ces deux morceaux
sont de toute beauté. La composition
approche beaucoup de celle de le
Sueur.

125. Dix Desseins, dont une belle Nativité de Vouët, & un Baptême de
N. S. par Vernansal.

126. Trois belles Compositions de le
Brun; savoir, le Sacrifice d'Iphigenie
dans l'instant que cette Princesse est
enlevée par Diane, qui substitue une
biche à sa place. La seconde est la
naissance d'Adonis, & la derniere
une Allégorie.

127. Huit Desseins de le Brun, & de

B ij

	LE SUEUR.	
121.	26	19
122.	20	
123.	6	10
124.	48	
125.	12	
126.	60	
127.	23	10

Frere Luc son Eleve, dont l'Etude de la Madelaine : Tableau célebre, peint par le Brun, aux Carmelites du Faubourg Saint Jacques.

80   128. Sept Desseins, dont la verge de Moyse changée en serpent ; belle composition de la Fage à la plume, lavée d'encre de la Chine, & un autre Dessein du même, très fini, sur vélin, représentant Diane surprise dans le bain par Actéon ; morceau précieux.

21 19   129. Une grande & belle composition de Jouvenet, représentant N. S. à qui on amene des enfans. Les Desseins de cet excellent Maître, dont la maniere est si grande, sont fort rares.

12 1   130. Neuf Païsages d'Alegrain, Genoëls, Lallemand, & autres.

25 19   131. Six Païsages du Gaspre, & de Forest.

13   132. Huit Desseins de Corneille, dont Noë rendant graces à Dieu au sortir de l'Arche.

38   133. Quatre jolies compositions de Corneille, dans le nombre desquelles il y a deux différens sujets de la Nativité.

24   134. Neuf Païsages de Françisque, & autres.

13 20   135. Six Desseins de Callot, Païsages, Etudes & Compositions, dont un grand

sujet qui paroît repréſenter la poſition d'une premiere pierre d'Egliſe, par un Evêque. Ce morceau n'a jamais été gravé.

136. Huit Deſſeins de Callot, dont le Parterre de Nancy, & le Lavement des pieds, qui eſt un des morceaux de ſa grande Paſſion.

137. Trois Deſſeins des Silveſtres, dont un beau Païſage à la plume, par Iſraël Silveſtre.

138. Douze Païſages de Perelle, & autres.

DESSEINS DE LE CLERC.

M. Potier doit la plûpart des Deſſeins de cette ſuite, à l'amitié que M. le Clerc lui portoit; ainſi on doit être perſuadé de leur originalité : on n'y trouvera pas moins d'agrémens que dans les Eſtampes de cet habile Maître, & la touche, qui en eſt bien plus ſpirituelle, met dans tout leur jour les talens qu'il poſſedoit d'une compoſition noble & ſavante, & d'une exécution nette & préciſe.

B iij

LE CLERC.

139. Dix-huit Deſſeins de Vignettes &
    Etudes.

140. Treize Deſſeins, dont quatre feuil-
    les du Caractere des Paſſions, d'après
    le Brun.

141. Huit Deſſeins, dont pluſieurs mor-
    ceaux d'Architecture pour le Vitruve.

142. Seize Deſſeins, Etudes & Vignet-
    tes, y compris deux oiſeaux, deſſinés
    avec un grand ſoin.

143. Deux Vignettes; ſavoir, celle de
    l'Hiſtoire Metallique de la Hollande,
    par Bizot; & le Concile, qui fait
    partie des douze morceaux de l'Hiſ-
    toire Eccléſiaſtique.

144. Trois jolis Deſſeins; ſavoir, le Dé-
    ſeſpoir de l'Amour qui a perdu Pſy-
    chée; morceau qui fait partie des
    quatre que le Clerc a gravés pour M.
    Potier; les deux autres ſont deux Vi-
    gnettes; celle de la bibliothéque de
    M. de Thou, & une qui n'a jamais
    été gravée, repréſentant Venus ac-
    compagnée des Graces, qui engage
    l'Amour à la venger de Pſychée.

145. Deux jolis Deſſeins, très-finis, en
    camaïeux, qui repréſentent des An-
    ges ſur des nues.

146. Le titre du Labyrinthe de Verſail-
    les, Deſſein très fini à l'encre de la

Chine, & une Vignette, représentant les quatre Evangelistes. Ces deux
morceaux sont précieux. Le premier
n'a jamais été gravé, & le second l'a
été en bois.

147. Quinze Médailles pour l'Histoire
de Louis XIV, la plûpart au trait.

148. Huit Médailles pour la même Histoire, dont plusieurs sont d'un beau
fini.

149. Quatre Médailles. *idem*, très finies
à l'encre de la Chine.

150. Quatre autres Médailles de la même
condition.

D I F F É R E N S   M A Î T R E S.

151. Six Desseins, dont une Vierge de
Mignard; Venus sur les eaux d'Ant.
Coypel, & un Païsage de Chaufou-
rier.

152. Quinze Desseins de Compositions
& de Païsages, de différens Maîtres,
dont un sujet allégorique de Jacques
Stella, qui représente le Temps qui
découvre les Sciences, Dessein très
fini à l'encre de la Chine.

152. *Bis.* Cinquante Desseins de Païsages de différens Maîtres,

153. Cinq Desseins; savoir, deux belles

compositions d'Alexandre, la forge de Vulcain, par Roëttiers, une caricature singuliere, & un Deſſein de Soulay, Maître dont les ouvrages ſont rares.

154. Dix Deſſeins, la plûpart d'Ornemens, par Oppenor, Charmeton, & autres.

155. Neuf Deſſeins de la Foſſe, Marotte, Houaſſe, & autres, dont un beau ſujet de plafond, par de la Foſſe.

156. Quatorze Deſſeins; ſavoir, deux Etudes au paſtel, par Noël-Nicolas Coypel, une Vierge de Mignard, & autres.

157. Neuf Deſſeins de Parocel le pere, Vander Meulen, Martin, & autres, dont un combat de Huſſards, très fini, à la mine de plomb, ſur vélin, par Smith, Graveur Allemand.

157. *Bis.* Quatorze Deſſeins d'Oudry, Animaux & Païſages.

158. Onze Deſſeins de Gillot, Wateau, & autres.

158. *Bis.* Une très belle tête, plus grande que Nature, parfaitement deſſinée au craïon rouge, pour le Louis XIII, qui eſt dans le Tableau du vœu de ce Prince, que M. C. Van-Loo a peint aux Petits-Peres de la Place des Victoires. Ce morceau touché fierement,

est digne du célebre Artiste, dont il
sort.

159. Huit Desseins de différens Maîtres,
dont une feuille d'Etudes, & une jolie tête au pastel, l'une & l'autre de
le Moine.

159. *Bis.* Huit Desseins d'Etudes de figures, par le Moine & M. C. Vanloo.

160. Deux Desseins de Bernard Picard ;
savoir, un au craïon rouge, qui représente la maladie d'Antiochus, dé-
couverte par le Médecin qui lui tâtoit
le cœur à l'approche de la Reine Stra-
tonice sa belle-Mere, dont ce Prince
étoit devenu amoureux ; le second est
un joli titre de livre.

161. Six Desseins ; savoir, deux de M.
Boucher ; trois de son Ecole, & une
belle grisaille, inventée & peinte par
feu M. de Gravelle, Conseiller au
Parlement ; elle représente la Justice,
assise sur des nues, tenant l'épée & la
balance. On voit à ses pieds deux enfans, tenant le livre des Loix. Ces
enfans sont de la main de M. Boucher.

161. *Bis.* Onze Desseins de différens
Maîtres, dont trois têtes, par M.
Boucher.

162. Huit Desseins, la plûpart de la
Joue ; dont un joli port de Mer ; Dessein colorié.

B v

162. *Bis.* Trente Deſſeins d'Architecture Militaire, très proprement deſſinés
à l'uſage des Ingénieurs.

163. Trente Deſſeins de différens Maîtres.

164. Cinquante-cinq Deſſeins. *Idem.*

165. Soixante & ſix Deſſeins de différens ſujets.

165. *Bis.* Soixante & onze. *Idem.*

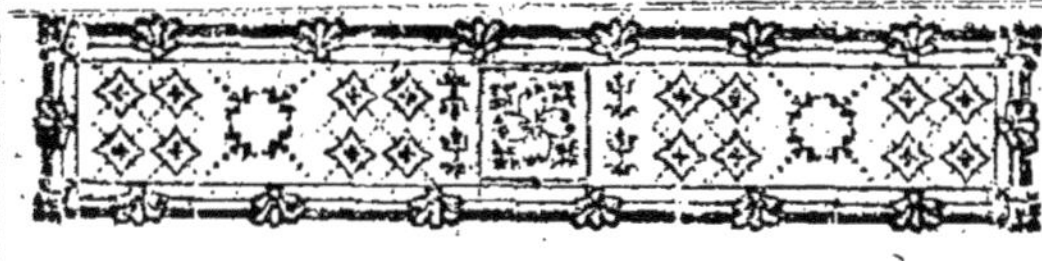

ESTAMPES.

LA partie des Estampes, principalement celles d'Italie, ayant été particulierement l'objet des recherches de M. Potier, elle fait le capital de ce Cabinet; on y trouve plusieurs œuvres d'une grande étendue, dont les épreuves ont été choisies avec l'attention la plus scrupuleuse, tels que sont les Œuvres de Marc-Antoine, des Caraches, de Spiere, de Callot, qui est un des plus beaux œuvres de ce Maître, connu à Paris, par la quantité de morceaux rares qui s'y trouvent. Celui de le Clerc n'est pas moins recommandable. On peut dire même que l'amitié que M. Potier portoit à l'Auteur, s'est étendue jusqu'à ses ouvrages, dont il recherchoit scrupuleusement jusqu'aux moin-

B vj

dres morceaux. Il avoit auffi re-
cueilli un œuvre de la Belle, qui
bien que moins complet que les
autres, eft cependant compofé
des meilleurs morceaux de ce Maître. Les Artiftes modernes n'ont
pas été négligés dans ce Cabinet,
qui renferme un très bel œuvre
de Bernard Picard ; les autres œuvres des bons Maîtres s'y trouvent
auffi dans une belle condition,
tels que ceux d'Edelinck, Rigauld, & autres. Le détail que
nous en allons faire, mettra les
Amateurs en état de juger du mérite de cette colection.

ECOLE D'ITALIE.

166. LEs Prophêtes & les Sibylles,
gravés par Georges Mantouan, d'a-
près Michel-Ange.

167. Le Jugement dernier de Michel-
Ange, gravé par Martin Rota : p re-
miere épreuve de toute beauté, parfaitement confervée fur fon papier,
fans être collée.

ŒUVRE DE LA BELLE.

168. Vingt-neuf Eftampes, dont plufieurs Vierges du Cabinet du Grand
Duc. *

169. Le Repofoir, Piece capitale de la
Belle d'une très bonne épreuve.

170. Le Saint Profper, Piece rare &
très belle, premiere épreuve, avant
les armes qui s'y voient ordinairement.

171. La vue du Pont-neuf, Piece confi-
dérable pour la compofition, à caufe
de l'étendue de la vue, & de la multitude de Figures dont elle eft or-
née. Celle-ci eft une premiere épreuve, avant que le coq ait été gravé fur
le clocher de St Germain l'Auxerois.

172. Cent quinze Piéces de Croquis ou
Eftampes, gravées d'une maniere pit-
torefque, y compris celles de M. le
Comte de Caylus, & le portrait de la
Belle, par Hollard.

173. Le grand & petit Livre à Deffiner,
& les têtes Perfiennes, faifant en tout
foixante-huit Piéces.

* Les Pieces du Cabinet du Grand Duc font
celles, dont les Planches étoient à Florence,
dans le Cabinet de ce Prince qui les avoit fait
graver.

LA BELLE. C'est particulierement dans ces suites que la Belle s'est le plus distingué, tant par le bon goût de Dessein, où il égale les plus grands Maîtres d'Italie, que par le travail spirituel de sa pointe, qui met cet excellent Artiste au-dessus de Callot, & de tous les Graveurs en petit, qui par un travail trop arrangé, ont donné à leurs Estampes un froid, dont celles de la Belle font exemptes.

174. Soixante & deux Pieces en plusieurs suites; savoir, les Animaux en vingt-quatre Piéces, les Agréables diversités de Figures en 13 piéces, & les divers Caprices en 24 piéces.

175. Quatre représentations de Siéges; savoir, la Rochelle, Arras, Porto Longone, & Piombino.

176. Dix-neuf Pieces; savoir, les Conduites des Troupes & Canons, dediées à M. de la Roche-Guyon, en treize Piéces, à cause d'une qui est double avec des différences, & les *Varii Caprici militari* en six Piéces.

177. Vingt & une Estampes; savoir, la suite des sujets de Paix & de Guerre,

dediée au Marquis de Maulevrier en
fix Pieces ; les deux petites vues de la
Place Royale & du Pont-neuf avant
la lettre ; les *Varie Figure* en fept Pieces , le Combat Naval devant Rhodes,
& les cinq morts des Innocents.

178. Quatre jolies fuites ; favoir , les   15
divers Embarquemens , les Petites
Marines , dédiées au Sgr. Tomafo
Guidoni ; les Païfages Maritimes , &
les quatre Elémens : en tout vingt-
huit Piéces.

179. Dix Piéces , dont trois Titres de   30
Livres rares ; favoir , le Dialogue de
Galilée , les Comentaires de Blaife
de Montluc , & le Mercure de Vitto-
rio Siri.

180. Quatre Piéces fort rares des pre-   75. 1
miers temps de la Belle ; favoir , une
Figure Polonoife ; un Païfan appuyé
fur un bâton ; un petit Sujet au trait ,
repréfentant un enfant , qui , avec un
mafque , fait peur à fes camarades , &
une piece ou fe voient trois mandians
au milieu d'un Païfage.

181. Quatorze Eftampes , dont une pe-   48. 19
tite fuite de fantaifie du premier
temps de la Belle , un bas relief d'a-
près Polidore , & autres morceaux rares du Cabinet du Grand Duc.

LA BELLE.

35

182. Vingt-trois morceaux, dont les inventions facétieuses d'Amour & de Guerre, & le Trivelin avec le fond, qui repréfente la vue de Paris. Cette Piece n'eft pas commune.

18 19 **183.** Neuf Eftampes, dont la fuite de l'entrée de l'Ambaffadeur de Pologne à Rome en 1663, en fix feuilles: bonnes épreuves.

14 10 **184.** Quarante-quatre Pieces, dont les Vafes, la fuite des Exercices de Cavalerie, le Cours de la Loire, & autres Pieces.

25 **185.** Dix beaux Païfages en hauteur, dont les fix grands, dans lefquels fe voient plufieurs ruines de Rome, & le Vafe de Medicis; fuite intéreffante, dont les épreuves font belles & anciennes.

20 **186.** Vingt-cinq Païfages de forme ronde, dont plufieurs rares du Cabinet du Grand Duc.

20 **187.** Trente-quatre morceaux, Figures & Païfages, dont la fuite des Caprices en treize Pieces.

35 19 **188.** Quaránte Eftampes, dont la fuite des Païfages, dediée à M. le Duc d'Anguien, en douze Pieces : les Païfages de Colignon, d'après la Belle, & plufieurs vues de Maifons-Roïales.

& autres Edifices de Paris , d'Ifraël
Silveftre , dans lefquels la Belle a
gravé les Figures.

189. Quarante-deux Cartouches, grands
& petits, ce qui fait la fuite complette.

190. Dix-huit Pieces , dont les feuilles
de Blazon de la Colombiere, & une
fuite de Chevaliers armés , portant
leurs Ecus, & montés fur des chevaux caparaçonés.

191. Quarante-trois Eftampes , la plûpart de frifes & ornemens.

192. Dix-fept morceaux, dont deux Ba-
chanales de forme ronde ; plufieurs
Figures de Polonois & de Turcs,
Piéces rares , du Cabinet du Grand
Duc.

193. Treize Pieces , la Pompe Funebre
de l'Empereur Ferdinand II. en quatre morceaux : la Maifon de la Vierge à Lorette , en fix Pieces , dont la
Belle a feulement gravé le Titre , &
autres.

194. Trente Eftampes ; favoir , les Scé-
nes de la Tragedie de Mirame , en fix
Piéces , le Balet des Indiens , des
Ours, des Autruches , & autres fan-
taifies en quatorze Piéces : les quatre
Saifons , &c.

LA BELLE. 195. Le Grand Carousel, rare, en treize Pièces.

196. Trente Estampes; savoir, les différentes vues du Port de Livourne, en six Pieces : une suite de Païsages & Figures, en huit Pieces, & deux suites de Marines, dediées au Prince de Toscane, de chacune huit Pieces, qui ont été repétées par la Belle.

197. Les quatre Jeux complets; savoir, la Géographie, les Rois de France, les Femmes Illustres, & les Métamorphoses : ces dernieres sont avant la Lettre : On y a joint le Hérault d'Armes, appellée Mont-Joie Saint Denis.

Ces Jeux avoient été imaginés par Desmarets, Autheur du Poëme de Clovis, par ordre du Cardinal de Richelieu, pour l'instruction de Louis XIV, alors Dauphin, afin de lui faciliter l'Etude de l'Histoire & de la Fable.

198. Onze Pièces, dont plusieurs Décorations de Théatre, d'après Alphonse Parigi, & la Chasseresse qui tient un chien en arrêt; morceau rare, du Cabinet du Grand Duc.

199. Les Cavaliers Polonois & Maures, en douze Piéces, de forme ronde, y compris les rares du Cabinet du Grand Duc.

200. Vingt-neuf Eſtampes, dont la ſuite des Jardins du Grand Duc de Toſca-ne, appellée les Pratolines, & plu-ſieurs entrées d'un Carouſel, fait à Florence.

201. Dix-ſept Pieces; ſavoir, les Chaſ-ſes, en neuf Pieces; les Aigles, en ſix Pieces, & les deux Ecrans, chargés de rebus.

ŒUVRE DE MARC-ANTOINE.

De toutes les Eſtampes, celles de Marc-Antoine ſont les plus difficiles à trouver bien conditio-nées & bonnes d'épreuve, ce qui n'eſt pas ſurprenant, vu l'éloigne-ment du temps où elles ont été gravées. Marc-Antoine, Comtem-porain de Raphael, eſt, pour ainſi dire, le premier qui ait gravé; car ſi on en excepte les Eſtampes d'Albert Durer, qui ont ouvert à cet excellent Artiſte la carriere brillante qu'il a fournie avec tant

de fuccès; celles de la plûpart
des autres Graveurs, qui n'avoient
apporté, dans cette enfance de
l'Art, que des talents médiocres,
tels que Martin d'Anvers & les
autres vieux Maîtres, n'ont d'autre mérite que celui de l'ancien-
neté. Les Eſtampes de Marc-Antoine feront toujours les délices
des Connoiſſeurs; car ſi le travail,
trop égal de ſon burin, ne leur
donne pas l'intelligence que l'on
admire dans les Eſtampes du
Carache, & dans celles des Graveurs Flamands ſortis de l'Ecole
de Rubens; du moins on y trouve
une grande pureté de Deſſein, qui
rend avec préciſion le vrai caractere de Raphael & des autres Maîtres, d'après leſquels M. Antoine
a gravé; ce qui a fait dire à quelques-uns que Raphael avoit tracé
lui-même ſur la Planche, le trait
de ſes Eſtampes : ce qui, cependant
ne paroît pas vraiſemblable,
vû le temps que cette opération
auroit pris à ce grand Peintre,

qui a fini tant d'Ouvrages dans l'espace d'une vie très courte. La Collection, dont nous allons donner le détail, est considérable, principalement pour la beauté des Epreuves. Nous avons eu soin d'annoncer exactement la condition des principales Pieces, particulierement lorsqu'elles sont sur leurs papiers simples, ce qui est d'une extrême conséquence, parceque lorsque ces Piéces sont collées, cela marque ordinairement qu'elles sont fatiguées. Nous esperons que les Amateurs saisiront avec plaisir cette occasion, d'acquerir des morceaux que l'on ne rencontre communement que d'Epreuves foibles, ou retouchées, & qui ne méritent aucune considération.

202. La Cêne, d'après Raphael, épreuve de la premiere beauté, & d'une conservation admirable sur son papier.   301

203. Notre Seigneur sur des nues, entre la Vierge & Saint Jean : dans le bas se voient Saint Paul & Sainte Ca-   266

therine. Cette compofition, qui eft connue fous le nom des cinq Saints, eft une des plus belles Eftampes de M. Antoine : l'épreuve que nous annonçons, eft d'une beauté fupérieure, & nous pouvons affurer qu'il eft impoffible d'en trouver qui la furpaffe : elle eft parfaitement confervée fur fon papier, & d'une fraicheur finguliere.

59 10 204. Le Maffacre des Innocents, d'après Raphael, première planche, appellée, vulgairement au chicot, à caufe d'une pointe de fapin, qui s'éleve au deffus des arbres à la droite de l'Eftampe. Ce morceau eft extrêmement rare, & ne fe trouve pas fi facilement que la feconde, qui fut recommencée par M. Antoine : l'épreuve en eft belle, & bien confervée.

18 2 205. La feconde Planche du Maffacre des Innocents, bonne épreuve, bien confervée.

296 206. Neptune, calmant les flots, ou le *Quos ego* ; premiere & parfaite Epreuve, très bien confervée fur fon papier. Cette Piece, qui eft une des principales de M. Antoine, fe trouve difficilement fans être retouchée. Dans les Epreuves ordinaires, les mufcles de l'eftomac du Neptune font

bien plus marqués, ce qui donne à l'Estampe une dureté desagréable ; aussi les Curieux délicats n'estiment que les premieres Epreuves, telles que celle-ci ; mais elles sont fort rares.

207. Sainte Cecile, accompagnée de plusieurs Saints, Estampe célebre de M. Antoine : cette Epreuve est du nombre de celles que l'on appelle communément parmi les Curieux, la Sainte Cecile au Collier, à cause d'une ombre un peu forte, qui est sous le menton de la Sainte : dans les Epreuves médiocres, cette ombre est beaucoup plus foible : celle-ci est bien conservée.

208. Le Martyre de Sainte Martine, premiere & parfaite Epreuve, dans laquelle l'oreille de la Sainte ne paroît point, elle est de la plus grande conservation sur son papier.

209. Saint Paul prêchant dans Athenes, composition que Raphaël a exécutée avec quelques différences, pour les Tapisseries des Actes des Apôtres : ce morceau est d'une grande perfection pour la beauté de l'Epreuve, & bien conservé sur son papier.

210. Le Jugement de Paris, Piece re-

MARC-ANTOINE.

commandable, dont l'épreuve est très-belle.

74　211. Les deux différentes compositions de la Vierge de Douleur, debout devant le Christ mort ; la premiere, qui n'a point de tronc d'arbre dans le Païsage qui sert de fond, est extrême-ment rare : l'épreuve en est fort belle.

54　212. Le petite Peste, Estampe rare, dont l'épreuve est bien conditionée sur son papier.

65　213. David qui coupe la tête de Goliath, belle Estampe, qui est une des plus difficiles à trouver, bien conservée. Celle-ci y est bien conditionée.

49　214. L'Histoire de Psyché, d'après Raphaël, en trente-deux Pieces, premieres épreuves. Elles sont avant le nom de *Salamanque*, qui étoit un Marchand, qui fit retoucher ces Planches par Augustin Venitien. Il n'y a que les premieres épreuves qui soient dignes des vrais Amateurs, mais elles sont fort rares.

55　215. Quatre Estampes ; savoir, les trois Angles, peints par Raphaël au palais Chizi : l'un représente l'Amour & les trois Graces : le second, Jupiter qui caresse l'Amour, & le troisieme, Mercure qui vole, tenant une trom-
pette

	Marc-Antoine.
pette à la main. La quatrieme Estampe est la Piece, appellée le Zodiaque. Tous ces quatre morceaux sont très beaux d'épreuve, & bien conservés.	
216. Le Songe de Marc-Antoine. C'est le nom que les Curieux donnent à une composition, où se voient deux femmes nues, couchées & endormies, aïant à leurs pieds plusieurs animaux fantasques. Dans le fond est une Ville en feu. Cette épreuve est extrêmement vigoureuse, mais sa conservation n'est point parfaite. Cette Estampe est fort rare.	55
217. La descente de Croix : Epreuve bien conservée sur son papier.	48 5
218. La Vierge, appellée commune-ment à la longue Cuisse, d'une épreu-ve assez bonne.	19 19
219. Deux différentes Compositions, de la Proclamation d'un Empereur sur le champ de bataille, après une vic-toire. Une de ces deux Pieces, qui est sur son papier, est d'après un bas relief antique. Elles sont l'une & l'autre d'une grande beauté d'épreuve.	30 5
220. Deux belles Estampes : savoir, Alexandre qui fait ouvrir des tom-beaux, & une Bataille, d'après un bas relief antique. Ces deux morceaux	72

C

MARC-
ANTOINE.

font parfaits d'épreuve, & confervés fur leurs papiers.

221. Quatre Pieces, dont Jofeph & la Femme de Putiphar ; épreuve parfaite, fur fon papier.

222. Trois morceaux ; favoir, une danfe d'Amours, & deux différentes compofitions d'une Femme qui fe poignarde ; on lit à côté une Infcription Grecque. Quelques-uns, quoique fauffement, appellent ces deux Piéces les Cléopâtres ; elles font rares, & des plus belles de M. Antoine, principalement la plus petite. Ces trois Eftampes font parfaites d'épreuve, & la plus grande des deux Femmes eft fur fon papier fimple.

223. La Cêne, & le Parnaffe, épreuves paffables. La derniere eft fort bien conditionée.

224. Cinq Eftampes, dont la Carcaffe, Piece finguliere, premiere épreuve, très belle ; cette Piece a été depuis retouchée par Auguftin Venitien, qui y a mis fa marque ; & la Piece appellée la Pile, qui eft une Bachanale, faite en maniere de frife, elle eft très rare, & difficile à trouver bonne épreuve.

225. Six Eftampes, dont plufieurs rares,

favoir, Venus & l'Amour, le Paffage de la Barque, une Charité, les
trois Maries allant au Sépulchre, &
autres.

226. Vingt-trois Eftampes, très rares,
des premieres manieres de Marc-Antoine ; dont le pomeau d'Epée de
Charles Quint, & onze têtes de Pa-
pes, en forme de Medailles.

227. Le Maffacre des Innocents, d'après
le Bandinelle, Eftampe commencée
par M. Antoine, & finie par Silveftre de Ravenne, & le Martyre de
Saint Laurent, d'après le même Bandinelle, très belle Epreuve, bien confervée, fur fon papier.

228. Six Eftampes de choix ; favoir,
Hercule qui étouffe Anthée, Jupiter
en Satyre & Antiope, le Dieu Priape,
une petite Bachanale, & la Caffolete,
originale & copie.

229. Quatre Eftampes, dont Iphigenie
en Tauride, à qui on amene Orefte
& Pilades pour être facrifiés : compofition d'après un bas relief antique ; & Adam & Eve chaffés du Paradis terreftre, Piece très rare.

230. Dix-huit Eftampes de M. Antoine,
& autres Maîtres de fon Ecole Il y a
dans le nombre deux Figures d'Ap-
pollon, très rares, principalement

C ij

celle qui eſt la moins ombrée, & la
Vierge au Poiſſon, Piece qui n'eſt
pas commune.

230. Six Eſtampes ; ſavoir, les trois Graces, un petit Triomphe, un Sujet de
Fantaiſie, un Crucifix accompagné
de la Vierge & de Saint Jean, une
Sainte Famille, & un Sujet Allégorique, ſur l'excluſion d'Adam & Eve
du Paradis terreſtre.

231. *Bis.* Six Piéces : ſavoir, les trois
Graces, d'après un bas relief antique,
Epreuve parfaite ; Venus & l'Amour
accompagnés d'une des trois Déeſſe
qui remet ſon vêtement, Etude du
Jugement de Paris ; une femme tenant d'une main un vaſe, & verſant
de l'autre une aiguerre d'eau ; Piéce
rare des premiers temps de Marc-
Antoine, épreuve très belle ; & la
Cléopatre couchée, d'après l'antique,
avec deux copies différentes de cette
Piece.

232. Sept Piéces qui repréſentent des
Vertus.

233. Douze morceaux, preſque tous
rares, dont une femme debout con-
tre un arbre, ſur un rocher au milieu de la Mer ; compoſition dans la
maniere d'Albert Durer ; deux Figures de femme dans la même maniere,

dont une a le pied droit posé sur un
globe, & tient un vase enflammé de
la main gauche; & autres.

234. Dix Estampes; savoir, deux différentes Vierges dans la gloire, dont
une est très rare avec le fond blanc.
Augustin Carache y a depuis ajouté
deux têtes de Cherubins : on trouvera cette épreuve dans l'Œuvre des
Caraches; la Vierge donnant la mamelle à l'Enfant Jesus, Piéce rare,
très belle d'épreuve, &c.

235. Dix-huit Pieces, dont plusieurs
Statues de Muses; une Femme qui
s'arrache les cheveux, & une qui est
assise sur un Lion, ayant à ses côtés
un Dragon : ces deux Piéces sont fort
rares.

236. Seize Pieces rares, dont plusieurs
des premieres manières de Marc-Antoine.

237. Quinze Pieces, dont plusieurs
rares.

238. Cinq Estampes de M. Antoine &
autres Maîtres de son Ecole.

239. Vingt-neuf petites Piéces de Saints
& Saintes, suite difficile à rassembler.

240. Quatre Estampes, dont la Car-
casse & le Neptune.

241. Quinze morceaux de différents
sujets.

MARC-
ANTOINE.

80

C iij

MARC-ANTOINE.		

MARC-ANTOINE.

57. 7

242. Deux belles Pieces ; favoir, N. S. prêchant à la porte du Temple, & le Sujet d'Ananie qui tombe mort aux pieds des Apôtres : cette derniere eft d'Auguftin Venitien, elle eft rare, d'une très belle épreuve, & bien conditionée.

20

243. Deux Pieces ; favoir, la Reine de Saba, par Silveftre de Ravenne, & le Parnaffe de M. Antoine : Epreuve parfaitement bien nourrie. Il eft fâcheux que cette Piece ne foit pas d'une belle condition ; c'eft une des plus gracieufes compofitions de Raphael.

DIFFERENS MAÎTRES, ELEVES DE MARC-ANTOINE.

9. 1

244. Vingt-deux Eftampes d'Auguftin Venitien, & autres, y compris plufieurs morceaux des loges de Raphael, gravés par Villamene.

12

245. Vingt & une Eftampes, de Beatricius, Silveftre de Ravenne, & Eneas Viccus.

50. 7

246. Quinze Eftampes de Georges Mantouan, dont le Songe de Raphael, l'Ecole d'Athenes, & la Réfurrection des Morts : toutes bonnes Epreuves.

66

247. Douze Eftampes de Julles Bonazo-

ne, & autres, dont une grande Bachanale, en deux Piéces.

DIFFERENS MAÎTRES.

248. Les Cartons de Raphaël conservés
en Angleterre dans le palais d'Hamp-
ton-Court, gravés par Dorigny, en
huit Piéces, y compris le titre.   30. 2

248. *Bis.* Deux grandes Estampes d'après
Raphaël ; savoir, la Bataille de Constantin, par Aquila, & le sujet d'He-
liodore.   16. 4

249. Dix Estampes d'après Raphaël, par
différens Graveurs, dont le Saint Luc
& la Nativité, gravés par Corneille
Bloemaert, belles Epreuves ; & plusieurs Vierges, gravées par Poilly,
particulierement celle qui leve le voile
qui couvre l'Enfant Jesus, de deux
Epreuves différentes, une des deux
avant d'être entierement finie : elle est
fort rare.   36

250. Dix-neuf Estampes, d'après Raphael, dont une suite de la Bible en
forme de Vignettes, gravées par Villamene.   12. 19

251. Vingt-huit morceaux d'après Raphael, Compositions & Ornemens.   9. 4

252. Vingt-trois Estampes d'après Ra-   3. 7

phael, dont les Planettes, gravées par
Dorigny.

253. Trente morceaux d'après Raphael,
dont une suite de Grotesques, gravés
par de la Guertiere.

254. Dix-huit Estampes d'après Raphael, la plûpart en clair obscur.

255. Quinze Estampes de Spierre, dont
la Chaire de Saint Pierre, d'après
le Bernin, & une grande These dediée au Pape Alexandre VII, en quatre feuilles.

256. Cinq Theses gravées par Spierre,
& autres, d'après Cirofer, dont la
grande Allegorie à la gloire des Medicis, Grands Ducs de Toscane.

257. Trente-quatre Estampes de Pietre
de Cortonne & Cirofer, gravées par
Spierre, Bloemaert, & autres, dont
le Missel Romain, très beau d'E-
preuve, rare à trouver ainsi.

258. La Galerie du Grand Duc à Florence, gravée d'après Pietre de Cortonne, par Spierre, Bloemaert, Blon-
deau, L. Wischer, & autres, en vingt-
cinq Piéces, très belles Epreuves.

259. Quatorze Estampes d'après Pietre
de Cortonne, la plûpart gravées de
Spierre, dont le siége du Rocher
Oxius, par Alexandre, grande composition en deux piéces.

260. Neuf Eſtampes de Pietre de Cortonne & Cirofer, gravées par Spierre, Bloemaert, Roullet, & autres, dont la Sainte Martine, très belle Epreuve, & le Mont Athos taillé en Géant.   48

260. *Bis.* Huit grands Païſages gravés en Angleterre, d'après Pietre de Cortonne, & autres.   13

261. Huit des plus belles Piéces de Spierre, parfaites d'Epreuve, dont le Martyre du B. H. Ignace d'Azevedo, & de ſes Compagnons Jeſuites au Breſil, & le Saint Pierre Nolaſque.   72. 2

262. Six Eſtampes d'après Carle Maratte, dont le Roſaire & le Martyre de Saint Blaiſe, grandes Compoſitions, gravées par R. V. Auden Aaerd.   12

263. Seize Eſtampes de C. Bloemaert, Rouſſelet, Thomaſſin, & autres, d'après différens Maîtres d'Italie, dont l'Homme condamné au travail, par Thomaſſin, d'après le Féti.   13 19

264. La Vierge du Corrège, gravée par Spierre, premiere & parfaite Epreuve, avant le petit arbre qui a été ajouté depuis dans le fond du Païſage.   136 1

265. Onze Piéces, la plûpart d'après le Parmeſan & Lanfranc, par différents Graveurs, dont l'Annonciation, de Lanfranc, gravée par Corneille Bloemaert, très belle Epreuve.   9

C v

266. Onze Estampes de Pietre Teste, dont la grande Academie des Arts.

ŒUVRE DES CARACHES.

LES CARACHES.

Nous croïons qu'il est inutile de parler ici du mérite des Estampes des Caraches : il n'y a point d'Amateur de bon goût, qui ne soit persuadé qu'elles forment la partie la plus essentielle d'un Cabinet d'Estampes. Chacun sait qu'Augustin Carache, aussi excellent Graveur, que bon Peintre, a mis dans ses Estampes un goût qui les fera chérir également des Artistes & des Curieux. Annibal & Louis, qui ne gravoient que pour se délasser de l'application qu'ils donnoient à la Peinture, nous ont laissé des Estampes à l'eau forte, qui selon l'ordinaire de celles des grands Peintres, ont tout le mérite des Desseins ; ainsi sans entrer dans un plus grand détail, nous nous bornerons à assurer les Amateurs, que le recueil, dont nous donnons la Notice, est de la plus belle condition pour les Epreuves : on y trouve toutes les Piéces capitales des Caraches, réunies avec un grand nombre de rares, que les Curieux ne font ordinairement à portée d'acquerir, qu'à l'occafion d'une vente comme celle-ci.

267. La grande Adoration des Rois, gravée par Auguftin Carache, d'après Balthafar Peruci en fept Pieces : morceau recommandable pour la belle compofition & la rareté. L'Epreuve en eft admirable : on a joint à cet article un portrait d'Annibal Carache, gravé par Corn. Vermeulen.

268. La Vierge accompagnée de la Madeleine & de Saint Jerôme, gravée par Auguftin, d'après le Corrège, belle épreuve bien conditionée.

269. La Vierge, St. Antoine, & Sainte Catherine, belle compofition de Paul Veronefe, gravée par Auguftin, belle Epreuve.

270. Le Mariage de Sainte Catherine, grande & magnifique compofition de P. Veronefe, gravée par Auguftin. Epreuve très belle.

271. Le Grand Crucifiement, d'après le

C vj

LES CARACHES.

Tintoret ; gravé par Augustin : Estampe capitale de ce Maître, en trois Pieces ; l'Epreuve est de la premiere beauté, d'une conservation parfaite, & les trois morceaux sont d'un ton extrêmement égal, ce qui se trouve très difficilement.

36 | 272. Le Martyre de sainte Justine, grande composition de P. Veronese, gravée par Augustin, en deux Pieces, fort belle d'Epreuve.

156 | 273. L'*Ecce Homo*, gravé par Augustin, d'après le Corrège, Epreuve très belle.

40 | 273. *Bis.* Le Saint Jerôme, d'après le Tintoret, très belle Piece d'Augustin, dont l'Epreuve est des plus parfaites, & bien conditionée.

60 | 274. Le Cordon de Saint François, grande Piece d'Augustin, rare, bonne Epreuve & d'une belle condition.

55 10 | 275. Deux belles Piéces d'Augustin ; savoir, le Saint Antoine, & la mort de Saint François : Cette derniere est d'après Vanius.

12 3 | 276. Cinq Estampes des Caraches, dont un Saint Jerôme, d'Augustin.

60 | 277. Deux Estampes d'Augustin ; savoir, le Saint François stigmatisé : morceau difficile à trouver aussi beau d'Epreuve que celui-ci ; & Rachel, d'après Denis Calvart.

LES CARACHES.

278. Cinq Estampes d'Augustin, dont le Christ au tombeau, belle Epreuve, ce qui est difficile à rencontrer. Le Paon & le Chien : ces deux Piéces sont de la plus grande rareté. 45 . 2

279. Trois Estampes d'Augustin ; savoir, Enée portant son Pere Anchise, d'après le Baroche ; Mercure & les Graces ; & la Sagesse accompagnée de la Paix & de l'Abondance, chassant le Dieu Mars : Ces deux Pieces gravées d'après le Tintoret, sont parfaites d'Epreuve. 72

280. Neuf Estampes, la plûpart d'Annibal, dont la Vierge à l'écuelle, le Couronnement d'Epines, le Christ mort, entre les bras des Saintes Femmes, & le Repos en Egypte, très beau d'Epreuve. 27 . 15

281. Onze Estampes des Caraches, au nombre desquelles est la Vierge de M. Antoine, avec les deux têtes de Cherubins, ajoutées par Augustin. 50

282. Huit Estampes, dont l'Adoration des Rois, par Annibal, & le mariage de Sainte Catherine d'après P. Veronese, par Augustin : Epreuve avant la lettre. 24 . 4

283. Dix Pieces, dont la Petite Crèche, premiere Epreuve par Annibal ; trois Vierges & une Sainte, la Palme à la 18 . 4

main, tenant deux yeux sur une coupe : ces quatre Pieces d'Augustin sont
très rares.

48   1   284. Dix-huit Estampes de différens
sujets, gravées par Augustin, dont la
suite des Petites femmes, très belles
d'Epreuve, à l'exception de deux
qui sont foibles ; & la Rose, d'une
épreuve admirable.

15   285. Quatre Estampes, dont le *Prete-
Jan*, Roi d'Ethiopie, gravé par Augustin, rare.

79   286. Cinq Pieces d'Augustin, dont la
Marche des Gueux, & le sujet d'*Om-
nia vincit Amor*, de deux compositions différentes, il y en a une très
rare.

52   287. Sept Pieces d'Augustin, dont Jupiter & Antiope, de deux Compositions
différentes ; ces deux morceaux sont
rares, particulierement celui qui est
le plus grand ; & une Allegorie qui
représente un Singe, se servant de la
patte du chat pour tirer les marons
du feu : cette Piece se trouve quelque-
fois Copie ; mais l'Original que nous
annonçons est de la plus grande rareté,
quoique foible d'Epreuve.

75   19   288. Huit morceaux d'Augustin, dont
le Jonas, Estampe extrêmement rare,
un repos en Egypte très difficile à

trouver, aussi beau d'Epreuve que celui-ci; une Tête de Vieillard lisant, Piece rare, & autres.

LES CARACHES.

289. Dix Estampes d'Augustin, dont une Samaritaine, un Saint Jerôme, d'après Vanius, & autres Pieces rares.   35   1

290. Six Estampes des Caraches, dont une Vierge ayant un grand manteau soutenu par des Cherubins; & deux Moines à genoux à ses côtés, très belle Epreuve, d'Augustin; & plusieurs Pieces rares.   12

291. Dix-sept Estampes d'Augustin, dont la suite des Apôtres en quinze petites Pieces.   15   2

292. Huit Estampes d'Augustin, dont le Baladin spirituel, morceau très rare.   44

293. Trois Estampes gravées par les Caraches, dont Saint Jean l'Aumônier, & un Crucifix, par Annibal.   15   2

294. Les Figures de la Jerusalem délivrée, du Tasse, gravées par Augustin sur les Desseins de Bernardo Castello, en vingt Pieces: cette suite, qui est rare, a été faite pour l'Edition de Genes, 1590.   47   19

295. Autre suite de Figures pour la Jerusalem de l'Edition de Genes, 1617, composées différemment, par le mê-   13   10

me, dont quelques-unes font, à ce qu'on prétend, gravées par Auguftin : il y a vingt-deux Pieces.

36   296. Le beau & rare Portrait du Titien, gravé par Auguftin, avant l'écriture, qui eft ordinairement au-deffus du Portrait : l'Epreuve en eft parfaite, ainfi que la condition.

72   297. Neuf Portraits rares, gravés par Auguftin, dont celui de Leon XI.

49   298. Sept Portraits d'Auguftin, dont celui du petit Saint Simon, Martyr de Trente, beau d'Epreuve, & celui d'Aldovrandus dans un paffepartout allegorique, rare, & d'Epreuve parfaite.

128 10   299. La fuite des Portraits, & autres morceaux, gravés par Auguftin, pour l'Hiftoire de Cremone d'Antonio Campo : cette fuite qui eft de vingt-neuf Piece eft rare.

8   300. Dix Pieces gravées par Auguftin, pour une vie des Ducs de Milan, publiée à Venife par le Docteur Scipion Barbuo Soncin, l'an 1574 : cette fuite eft fort rare ; on y a joint une Piece, repréfentant Mercure donnant la pomme d'or à Paris.

39 19   301. Sept Eftampes gravées par Auguf-tin, dont l'Eventail, & quelques Ar-

moiries ; Pieces rares, belles d'E-
preuve.

302. Six Estampes rares, d'Augustin, la
plûpart d'Armoiries.

303. Le grand Livre à dessiner, gravé par
Augustin en 103 Pieces : suite extrêmement précieuse, tant pour la beauté des Epreuves, qu'à cause de plusieurs morceaux qui ne s'y trouvent
point ordinairement, & de quelques
autres qui sont répétés avec des différences.

On sent bien que ceux qui veu-
lent apprendre à dessiner d'après
des Estampes, ne peuvent choisir
de meilleurs Modeles.

304. Dix Estampes d'après les Caraches,
par différens Graveurs, dont la Vierge aux lunettes, & la Susanne, par
C. Bloemaert ; la Mort de Saint François, par Gerard Audran, & le Silen-
ce, par Hinzelman.

305. Dix neuf Estampes d'après Annib.
Carache, par différens Graveurs.

306. Trente-six Estampes, dont il y en a
deux gravées par Augustin Carache ;
la plûpart des autres sont des Païsa-

ges gravés par M. le Comte de Caylus,
d'après le Carache.

DIFFERENS MAÎTRES.

16 | 307. Onze Estampes, d'après le Guide,
dont la fuite en Egypte, gravée par
Poilly, premiere Epreuve avant la
lettre.

51 | 10 | 308. Quatre belles Pieces, d'après le
Guide; savoir, l'Erigone de Vermeu-
len, premiere Epreuve, la Vierge &
l'Enfant Jesus, de Corn. Bloemaert:
& deux Epreuves différentes de la
Nativité, gravée par Poilly, dont une
premiere, avant les deux Anges qui
font au-dessus de la composition.

15 | 1 | 309. Vingt Pieces d'après le Guerchin &
le Dominiquain, par différens Gra-
veurs, dont le Martyre de Sainte Pe-
tronille, d'après le Guerchin par Do-
rigni, & celui de Saint Agnès, d'a-
près le Dominiquain par Gerard Audran.

48 | 310. Les quatre grands sujets de l'histoi-
re de Venus, gravés par Baudet, d'a-
près l'Albane, très beaux d'Epreuve.

11 | 311. Neuf Pieces d'après l'Albane, dont
les quatre Elemens, gravés par Benoît
Audran.

312. Dix Estampes d'après le Titien &
Paul Veronese, dont la grande Piece
des nôces de Cana, gravée par J. B.
Vanni, d'après P. Veronese.   24

312. *bis*. Vingt Païsages, inventés &
gravés par Marc Ricci.   17

313. Cinquante-deux Estampes, d'après
différens Maîtres d'Italie, dont plusieurs sont gravées par C. Bloemaert.   21

313. *bis*. Soixante & treize Pieces, d'a-
près Salvator Rose.   19   17

ECOLE FLAMANDE.

DIFFERENS MAÎTRES.

314. Soixante & treize Pieces d'Albert
Durer, dont la Mélancolie, la petite
Nativité, le Saint Hubert, le Cheval
de la Mort, la petite Passion, plusieurs
Vierges, & autres morceaux rares.   37

315. Vingt-Trois Estampes de Lucas de
Leyde, dont le Christ présenté au Peu-
ple, grande & belle Composition d'une
très bonne Epreuve, & fort rare.   48   1

316. Trois cens quatre-vingt-dix-huit
Estampes des petits Maîtres; savoir,
Aldegraef, Hisbins, Georges Pen,   167   19

& autres anciens Graveurs , parmi
lesquels il y en a de fort rares , dont
les marques ne se trouvent dans au-
cun Catalogue , pas même dans le
Dictionaire des Monogrames. Nous
avons cherché soigneusement les noms
des Maîtres les moins connus ; & ceux
que nous avons pu découvrir , nous
les avons écrits au bas des Estampes ;
à la reserve de ceux dont les marques
sont plus familieres aux Amateurs ,
comme Hisbins & autres , nommés au
commencement de cet Article. Comme cette collection est intéressante ,
nous avons pensé qu'elle feroit plaisir
à quelques Curieux dans son entier.

42 . 3 | 317. Dix-sept Estampes de Théodore de
Brie , dont l'Age d'Or , le Bal Venitien , la Fontaine de Jouvence , & autres ; cet Article peut aller à la suite
des petits Maîtres.

47 . 19 | 318. Vingt-cinq Portraits choisis de Gil-
les Sadeler , d'Epreuves parfaites ; tous
rares & intéressants.

19 . 1 | 319. Vingt-six Portraits de G. Sadeler ,
dont celui de l'Empereur Ferdinand
II , accompagné de Figures allegoriques ; grande Piece en deux feuilles.

8 . 12 | 320. Les Empereurs & Imperatrices de
l'ancienne Rome , par G. Sadeler , en
vingt-cinq Pieces , y compris le titre ;

& les Portraits des Princes de la maison de Gonzague, en dix-huit Piéces.

321. Vingt & une Eftampes de G. Sadeler, dont la Laitiere & autres fujets,
d'après le Baffan, & d'après différens
Maîtres. 31 . 18

322. Vingt & deux Eftampes gravées
par les Sadeler, d'après différens Maîtres, dont le mauvais Riche, d'après
Jacques Palme, & le Maffacre des Innocens d'après le Tintoret. 15

323. Soixante & deux Païfages de Gil-
les Sadeler, d'après P. Brill & autres
Maîtres. 23 . 10

324. Quatre-vingt-fix Eftampes d'Hollard, Portraits & Sujets, dont le Portrait de Rubens, fort rare; deux différens Portraits de Raphael; cinq fujets
de Virgile, rares, & autres morceaux. 48 3

325. Trente-neuf Eftampes d'Hollard,
dont la fuite des Vaiffeaux, d'Epreuves très belles, plufieurs Païfages &
autres Pieces. 18 2

326. Le Temple des Mufes en foixante
& une Pieces, gravé par Corneille
Bloemaert fur les Deffeins de Diapenbeck. 33 10

327. Vingt & une Eftampes de C. Bloemaert, dont le Méléagre d'après Ru-

bens, le Moutardier, & autres morceaux choisis.

328. Seize Pieces de C. Bloemaert de différens sujets, dont J. C. qui apparoît à Saint Ignace de Loyola : cette Estampe est parfaite d'Epreuve.

329. Vingt & une Estampes de Bloeteling, Muller, & autres Maîtres, dont la Judith d'après Raphael.

330. Dix Estampes d'après Rubens, dont la Vierge à l'oiseau, & le Mariage de la Vierge, gravés par S. A. Bolwert.

331. Cinq Estampes de Rubens, dont la grande élevation de Croix en trois Pieces, gravée par H. Withouc, une belle Assomption, par S. A. Bolwert, &c.

332. Vingt-deux Pieces d'après Rubens, dont le Couronnement de Ste Catherine, gravé par Pietre de Jode.

333. Huit Estampes de Rubens, belles d'Epreuve, dont Melchisedech offrant des pains à Abraham, gravé par Withouc.

334. Six grands morceaux d'après Rubens, dont le Triomphe de l'Eglise, en trois Estampes de deux Pieces chacune ; une Assomption, & autres Pieces.

335. Onze Estampes de Rubens sur dif-

férens sujets, dont Prognée, le Martyre de Saint Thomas & autres.

336. Dix-sept Païsages d'après Rubens,
dont un, gravé par Van Uden.

337. Dix Compositions de Van Dyck,
dont les deux sujets de Renaud & Armide.

338. La suite des cent Portraits de Van-
Dyck, à laquelle on en a joint beaucoup d'autres qui approchent de la
même grandeur ; ce qui compose une
collection très intéressante de cent
quatre vingt quatorze Pieces.

339 Les Comtes & Comtesses de Van-
Dick, gravés par P. Lombart, parfaites & anciennes Epreuves.

340. Huit Estampes de Van Dick ; sujets
& Portraits, dont celui de Vander
Borcht.

340. *bis.* Vingt morceaux d'après Rubens & Van Dick.

341. Le Roi boit, Estampe capitale de
Jacques Jordaens, premiere Epreuve
avant le nom de Bloeteling.

342. Dix Estampes, la plûpart de J.
Jordaens, dont Jupiter nourri par
une chevre, & le Dieu Pan jouant
de la flûte : ces deux morceaux sont
parfaits d'Epreuve avant le nom de
Bloeteling.

342. *bis.* Quatorze Pieces d'après J. Jor-

daens, presque toutes de ses plus belles compositions.

SUITE D'ESTAMPES DE REMBRANDT.

343. Vingt-neuf Estampes , tant de
Rembrandt que d'après lui , dont le
Portrait de ce Maître avec celui de sa
Femme, la petite Tombe , le Portrait
de Lutma , & celui de Rembrandt,
gravé d'après un Tableau de ce fameux Peintre , par M. de Marceney ,
qui a rendu ce morceau tout-à-fait
dans la maniere de cet excellent Artiste , & tel qu'il seroit à souhaiter
qu'on gravât tous ses Tableaux.

344. La Resurection du Lazare , Piece
en hauteur, ceintrée par le haut ; ce
morceau est un des principaux de
Rembrandt pour l'artifice admirable
du clair obscur : l'Epreuve que nous
annonçons est de la premiere beauté.

345. Deux Pieces recommandables ;
savoir , N. S. guérissant plusieurs ma-
lades ; Estampe connue sous le nom
de la Piéce de 100 francs : seconde
Epreuve , & la Mort de la Vierge
d'une très belle Epreuve.

346. Quinze Estampes, dont l'Annonciation aux Bergers, parfaite Epreuve ; le Païsage aux trois Arbres ; les
Mandians

Mandians à la porte d'une maison, & autres sujets & Portraits.

347. Vingt & une Estampes de différens sujets & Portraits, dont celui de Lutma, beau d'Epreuve ; la grande & petite Mariée Juive, une petite Femme nue, endormie, légerement gravée, avec un Satyre dans le fond : cette petite Piece est fort rare. | 50

347. *Bis.* Quarante & un morceaux ; Portraits & sujets. | 31 | y

348. Neuf Estampes, dont le Portrait du Docteur Faustus, très beau d'Epreuve, & celui du jeune Haring avec un Tableau dans le fond, qui a été supprimé dans les dernieres Epreuves : ce morceau est très rare. | 26

348.*bis.* Quarante & un morceaux, Sujets & Portraits. | 27 | 1

349. Vingt-huit Estampes, dont Adam & Eve, Piece rare ; quelques Academies de Femmes, & autres sujets. | 06 | 1

350. Trente-deux Estampes, dont la petite Tombe, de deux différentes Epreuves, & deux petits morceaux, dont l'un est une Circoncision, & l'autre une Présentation au Temple : ils sont fort rares à trouver aussi belles Epreuves que celles ci, ayant été gravés très légerement. | 36

350. *Bis.* Six morceaux, dont le Por-

D

REM-
BRANDT.

...rrait d'Abraham France, le Docteur Fauſtus, & autres.

351. Seize Pieces, d'après Rembrandt, y compris une ſuite de têtes, gravées avec beaucoup d'eſprit dans la maniere de ce Maître, par M. Vorlidge, Peintre Anglois; dans le nombre eſt le portrait de M. Liotard, Peintre Genevois en habit Oriental.

DIFFERENS MAÎTRES.

352. L'Œuvre de Goudt, Comte Palatin, en ſept Pieces, Epreuves paſſables. Les ſujets ſont, deux Compoſitions différentes de Tobie accompagné de l'Ange, un petit morceau ovale, repréſentant la décolation de Saint Jean - Baptiſte ; une fuite en Egypte dans un Païſage éclairé de la Lune ; Stellion ſe mocquant de Cerès ; Baucis & Philemon recevant dans leur maiſon Jupiter & Mercure ; le dernier morceau eſt un Païſage au moment de l'aurore.

353. Onze Eſtampes de Van-Velde, Saenredam, & autres, dont Paris & Helene; Diane dans le bain découvrant la groſſeſſe de Caliſto, & trois belles Marines de Peters-Nople, y compris la Rupture de la Digue de Hollande.

Piece singuliere, & d'une verité ef-
fraïante.

354. Les Fêtes exécutées à Bruxelles
pour la prise de Bude, & les Victoires
remportées sur les Turcs par l'Empereur Leopold I, en dix Pieces, gravées
par Romain de Hooghe. 60 · 10

355. La paix de Munster, gravée par
Suyderhoëf, d'après Terbuch ; ancienne & belle Epreuve. 40

356. Six Estampes de Suyderhoëf, dont
le Coup de Couteau, d'après Ostade,
la batterie de Païsans, d'après Ter-
burch, & autres sujets d'Ostade & de
Bamboche. 30

ŒUVRE DE WISCHER.

357. La Fricasseuse, Estampe capitale
de Corneille Wischer, ancienne &
très belle Epreuve avant le nom de
Clement de Jonghe. 85

358. Le grand Couronnement de la Reine de Suede, Piece rare. 53 · 12

359. Le Vielleux, d'après Ostade, assez
beau d'Epreuve, & la grande Tabagie, d'après le même. 18 · 1

360. Deux Estampes, d'après Jacques
Bassan ; savoir, Dieu le Pere, ordon-
nant à Abraham de quitter son païs :
le second morceau représente l'Ange 19 · 5

WISCHER.

montrant à ce Patriarche la terre qui lui avoit été promife : ces deux morceaux font très beaux d'Epreuve.

361. Cinq Eftampes, dont le Jugement dernier, d'après Rubens, en deux morceaux, & la Vierge entourée d'Anges, d'après le même, pareillement en deux morceaux.

362. Trois Eftampes, très belles d'Epreuve ; favoir, le Bal, d'après Berchem ; une Guinguette & une Tabagie, d'après Oftade.

363. Vingt-deux Eftampes, d'après Oftade, & autres Maîtres, dont quatre Tabagies, d'après Brower, & une fuite de Païfages, d'après Van-Goyen.

364. Neuf Pieces, dont la Bohemiene, & le Vendeur de mort-aux-rats.

365. Cinq morceaux, dont la bataille des Huffards, le Coup de Piftolet, & le Four.

366. Sept Eftampes, dont la Bataille des Huffards ; une Tabagie, d'après Oftade, & la Fricaffeufe, retouchée, Epreuve des premieres tirées.

367. Les trois beaux Portraits connus fous le nom des trois barbes ; favoir, Gelius Bouma, Pierre Scriverius, & Guillaume de Rick : cette derniere Eftampe, qui eft la plus rare des

trois, fe nomme par les Curieux la
Barbe quarrée.

368. Sept Portraits rares, dont celui de
Vondelius, deux différens de Robert
Junius, & celui de Copenol, appellé
l'Ecrivain.

369. Sept Portraits, dont celui de l'Anti-
quaire.

369. *bis.* Le Cabinet du Bourg - Meître
Rheinft, complet en 34 Pieces, parmi lefquels il s'en trouve un grand
nombre gravées par Corn. Wifcher.

ŒUVRE DE WOUVVERMAN.

Cet Œuvre, qui contient toutes les Eftampes gravées d'après
ce Maître, tant en Hollande qu'à
Paris, eft fort bien conditionné;
toutes les Epreuves font des premieres tirées, parceque M. Potier
avoit eu foin de les acquérir à me-
fure qu'elles paroiffoient. Ces Eftampes agréables, particulierement celles de Meffieurs Moyreau
& le Bas, ayant eu un grand de-
bit, les Graveurs ont été obligés
de les retoucher de temps en

D iij

WOUWER-MAN.

temps ; c'est ce qui met une grande différence entre les premieres & dernieres Epreuves.

370. Huit Estampes, d'après Wouwerman, gravées par J. Wischer, & Dancker-Danckerts, belles Epreuves : il y en a quelques-unes avant la Lettre.

370. *bis.* Quinze morceaux gravés par Wischer & Suyderhoef, d'après Wouwerman, & autres Maîtres.

371. Dix-huit Estampes, gravées par J. Moyreau, d'après Wouwerman, y compris le titre, composé par M. de la Jouë, & le Portrait de Wouwerman, gravé par Dupuis.

372. Quinze Estampes, gravées par Moyreau.

373. Quinze *Idem.*

374. Quinze *Idem.*

375. Quinze Estampes, gravées par Moyreau, le Bas, & Baumont.

376. Quinze morceaux, gravés par Laurent, Aliamet, Moitte, Basan, & autres.

377. Douze Estampes, d'après Wouwerman & Van-Falens, son Eleve, dont les dix grandes, gravées par Moyreau & le Bas.

DIFFERENS MAÎTRES.

378. Quinze Estampes , gravées par Jean & Louis Wischer , Sujets , Portraits & Païsages.   9 12

378. *bis.* Le Cabinet de l'Art de Sculpture , par François Bossuit en cent trois Pieces.   7

ŒUVRE DE BERCHEM.

379. Quarante-quatre Estampes , composans plusieurs suites d'animaux , gravés par Berchem lui-même ; morceaux intéressans & fort utiles pour l'étude des Artistes , qui trouvent dans ces savantes eaux fortes , toute la verité de la Nature & la finesse de l'exécution.   BERCHEM. 16

380. Quatorze Estampes , Païsages & Animaux , gravés par Berchem.   48

381. Quatorze Païsages ornés de Figures & Animaux , gravés par Corn. & Jean Wischer.   36

382. Dix-huit Estampes , gravées par J. Wischer & Dancker-Danckerts.   36 19

382. *bis.* Vingt-cinq morceaux des mêmes Graveurs.   23 10

383. Onze Estampes , par J. Wischer   13 5

D iv

BERCH. M.

Danckerts, & Suyderhoef, dont les quatre heures du Jour.

384. Trente & une Estampes, par Jean wischer, & autres.

385. Seize morceaux, par Corn. Wischer & Danckerts.

386. Quarante Estampes, par J. Wischer, & autres.

387. Vingt-trois Pieces, d'après Berchem, & autres.

387. *bis*. Quarante-sept morceaux de Berchem; Païsages, Figures & animaux.

388. Vingt-deux Estampes, par le Bas, Aveline, Major, & autres Graveurs modernes.

388. *bis*. Huit Païsages, gravés en Angleterre par Vivares, d'après Berchem & autres.

DAVID TENIERS.

389. Quinze Estampes, gravées par Laurent, le Bas, Major, & autres; tous ces morceaux, ainsi que ceux des Numeros suivants, sont des premieres Epreuves.

390. Trois grandes Estampes, gravées par le Bas; savoir, l'Enfant Prodigue, les miseres de la Guerre, & les Œuvres de miséricorde.

591. Les quatre grandes Fêtes Flaman- | 18 | 1
des, gravées par le Bas.

DIFFERENS MAÎTRES.

391. *bis*. Soixante Païsages de Vaterlo, | 12 |
& autres.

392. Dix-neuf Estampes de differens | 17 | 5
Maîtres Flamands.

392. *bis*. Cinquante-sept Païsages d'E- | 27 | 10
verdingen.

393. Seize Estampes modernes, d'aprés | 2 | 1
Gerard Dow, Mieris, & autres Maîtres Flamands.

393. *bis*. Soixante & onze Païsages d'E- | 12 | 1
verdingen, & autres.

ŒUVRE DE SMITH.

De toutes les Estampes en maniere noire, celles de Smith font
les plus estimées. Cet habile Artiste a fu donner à ce genre de
gravure, qui pour l'ordinaire est
triste, un ton agréable qui fera
toujours rechercher fes Ouvrages.
Les Personnes qui se plaisent à
peindre fur le verre ne peuvent
choisir de morceaux plus conve-

D v

SMITH. nables à cette efpece de travail;
parce que les manieres noires,
n'ayant aucunes tailles, les Peintures que l'on applique deffus,
laiffe douter à l'œil fi l'ouvrage eft
fait fur une Eftampe.

Toutes les Epreuves de ce recueil font des premieres avant d'ê-
tre retouchées.

SUJETS.

394. Sept Eftampes, dont le Confeffeur.

395. Deux belles Pièces; favoir, la Sainte
Famille, d'aprés Carle Maratte, & la
Vierge, d'aprés le Baroche.

396. Les deux Madeleines; favoir, celle
à la lampe, & celle au chardon : la
premiere, qui eft d'aprés Scalcken,
eft d'un effet de clair-obfcur admirable : ces Epreuves font très belles.

397. Neuf Eftampes, dont la Venus à la
Coquille, d'après le Correge; Venus
& l'Amour, d'après Lüc Jordane de
Naples, & le Pot de Fleurs, rare.

397. *Bis.* Trois Pièces; favoir, la Sainte
Famille, de Carle Maratte, Tarquin
& Lucrece, & l'Amour & Pfyché.

SMITH.

PORTRAITS.

398. Vingt & un Portraits, Hommes & Femmes, dont plusieurs de la Famille Roïale d'Angleterre depuis Charles premier. | 2 | 19

399. Vingt & un différens Portraits. | 23 | 19

400. Quatorze Portraits d'Artistes & Gens de Lettres, dont Newton, Locke, Corelli, Kneller, Smith, & autres. | 45

401. Dix-huit Portraits, Hommes & Femmes. | 36

402. Dix-huit. *idem*. | 24

403. Seize Portraits, la plûpart en pied avec des fonds de Païsages. | 24 | 6

404. Dix-huit Portraits intéressants ; savoir, ceux de Charles XII, Roi de Suede & du Czar Pierre premier, son rival de gloire : les autres sont de jolis Portraits, la plûpart en pied avec des fonds, dont celui de Mlle. Cross. | 58

DIFFERENTS GRAVEURS
EN MANIERE NOIRE.

405. Vingt-cinq Portraits, par Faber, G. White, Simon, & autres. | 12 | 8

406. Douze Portraits de Dames Angloises, en pied, gravés par Faber. | 12 | 4

D vj

406. *Bis*. Quinze morceaux de Faber, & autres.

407. Vingt-deux Portraits, par Faitorne, Simon, J. M. Ardell, & autres Graveurs.

408. Dix-sept Estampes, composées de fort jolis sujets, gravées par Faber, & autres.

409. Vingt Sujets différents, gravés par Verkolie, & autres.

ECOLE FRANCOISE.

ŒUVRE DE CALLOT.

CET Œuvre étant un des premiers que M. Potier ait rassemblés, il est aussi un des plus complets, & les Epreuves des mieux choisies, parceque depuis le temps que M. Potier le perfectionnoit, il ne laissoit échapper aucune occasion sans se procurer les morceaux qui pouvoient lui manquer, ou changer ceux dont les Epreuves n'étoient point parfaites ; aussi seroit il difficile de trouver dans

Paris un recueil de Callot auſſi
conſidérable que celui-ci , tant
pour la beauté des Epreuves, que
pour le nombre des morceaux. Il
eſt inutile que nous inſiſtions ſur
le mérite des ouvrages de Callot ;
tous les Amateurs ſont perſuadés
que cet admirable Graveur a rendu toutes ſes Compoſitions en petit avec la même préciſion pour
le Deſſein & l'expreſſion , qu'auroient pu faire les meilleurs Peintres dans des morceaux d'une
grande étendue. Si le goût de ſon
Deſſein eſt un peu maniéré , on
peut dire que le genre qu'il avoit
choiſi , l'exigeoit abſolument ;
c'eſt ce qui ſoutiendra toujours ſes
Ouvrages dans l'eſtime génerale
des Connoiſſeurs.

410. Soixante Eſtampes en pluſieurs
  ſuites ; ſavoir, le Nouveau Teſta-
  ment , l'Enfant prodigue , la vie de
  la Vierge , le Martyre des Apôtres , &
  les Penitens.   24

411. Dix ſept morceaux , dont la grande
  Paſſion en neuf Pieces , y compris la   33

CALLOT.

Defcente de Croix, de Silveftre, &
J. C. priant dans le Jardin des Oli-
ves : morceau extrêmement rare, que
l'on prétend d'aprés Callot ; les quatre Banquets, le Titre des Pénitens,
& une Vierge affife, ayant à fes côtés
le petit Saint Jean & Saint François à
genoux : Piece très rare, gravée par de
Son, d'après Callot.

412. Dix-neuf Pieces, favoir, la petite Paffion ; la vie de la Vierge ; la
Paffion en plufieurs petites Pieces
rondes & ovales, & deux différentes
Eftampes du Maffacre des Innocents :
tous ces morceaux font parfaits d'E-
preuve.

413. Vingt-huit Eftampes, dont la fuite
des Apôtres, & le Paffage de la Mer
rouge, premiere Epreuve.

414. Les Saints de l'année avec les deux
Titres, l'Epître Dédicatoire & les Fêtes Mobiles, fuite très complette.

415. Trente-fix Pieces, la plûpart très
rares, dont le Saint François dans la
tulipe, le petit Portement de Croix,
les fept Péchés mortels, la Tentation
de Saint Antoine ; feize petits morceaux ovales, & deux ronds, repréfentant divers fujets de la Paffion ; ils
font attribués à Callot, mais ils pa-
roiffent de Virix ; & une Piece allégo-

rique, où se voit l'Assomption de la
Vierge, & dans le fond la place de
Saint Marc de Venise : cette Piece a
été attribuée à Callot, par Monsieur
Gersaint dans le Catalogue de Lorangere, qui la croïoit unique ; mais il y
en a une autre Epreuve plus entiere
que celle-ci ; qui ne contient que la
partie supérieure de l'Estampe. Dans
le bas de celle que nous avons vue, est
un Cartouche qui renferme la Dédi-
cace au R. P. Laurent Taglia Pira,
Théologien de Venise : au bas on lit
cinquante-six vers Italiens, rangés en
trois colonnes. Cette Piece est gravée
à Venise par Gio. Burnacini .Nous ne
l'avons vue dans son entier que dans
l'Œuvre qui est au Cabinet de M.
Paignon d'Ijonval, Secretaire du Roi:
Amateur zélé qui possede une Collection considérable de Desseins & d'Estampes.

416. Huit Estampes ; savoir, le Saint
Mansuet, de deux Epreuves différentes ; la premiere qui est de la plus
grande rareté, est avant la raquette,
qui se voit communement aux pieds
du jeune homme que le Saint ressus-
cite, & avant une petite armoirie qui
est sur le repli de la chape du Saint :
les autres Pieces sont, l'Exorcisme,

CALLOT.

d'après Boſcoli, Epreuve extraordinairement belle ; une Vierge, d'après Paul Farinat, &c.

417. Les Tableaux de Saint Pierre en trente - deux Pieces , y compris un ſujet de Saint Pierre ſur les eaux ; Compoſition différente de celle qui s'y trouve ordinairement , & un Titre au deſſus duquel eſt un Tabernacle où ſe voit N. S. tenant une Croix , & verſant de la main droite de ſon précieux Sang dans un Calice : ces deux morceaux ſont de la plus grande rareté. On a joint à cette ſuite les Meſureurs de grains , beaux d'Epreuve.

418. Cinquante - ſept Eſtampes , dont le Martyre de Saint Sebaſtien ; le Triomphe de la Vierge , premiere Epreuve avant le nom de Silveſtre ; les Emblêmes de la Vierge , & celles qui ont pour titre *Lux clauſtri*.

419. Les Miracles de l'Annonciade en quarante-deux Pieces , ſuite très rare, principalement lorſque les Epreuves ſont auſſi parfaites que celles-ci , & dont le mérite eſt encore augmenté par une Annonciation : Piece exceſſivement rare , qui ne s'y trouve preſque jamais.

420. Le Puits ou l'Enfer , grande Eſtampe , rare , gravée au burin en quatre

morceaux, & la These de Physique
soutenue par Nicolas-François de
Lorraine, Evêque de Tulles, dediée
à François, Duc de Lorraine son
Pere.

421. Les Edifices sacrés de la Terre
Sainte, en trente-six Pieces.

422. Treize Estampes, dont l'Arbre de
Saint François ; le Titre des Statuts
de l'Ordre de Saint Etienne, le Saint
François ténant les armes de Florence,
Titre pour un ouvrage sur Scot, par
le P. Perio : ces deux morceaux sont
de la plus grande rareté ; l'Assomption au Cherubin ; une petite Annonciation ovale ; les trois Sacrifices ; la
Vierge, d'après *André del Sarte* ; le
Christ au Tombeau, de *Ventura Sa-
lembeni*, & autres Pieces rares.

423. Dix-huit Estampes très rares, dont
plusieurs armoiries ; une grande feuille d'Etude au trait, attribuée à Callot. On y voit plusieurs Figures &
Animaux : ce morceau vient du Cabinet de feu M. de Lorangere, où il
passoit pour unique ; deux morceaux
de la suite des *Balli* avec des différences, & une Tentation de Saint
Antoine, d'après Callot, gravée par
Cochin.

424. Deux Pieces recommandables ;

CALLOT.

favoir, la petite Ferme, Eſtampe trés rare, & les Supplices, d'une Epreuve parfaite, difficile à trouver de cette beauté, à cauſe de la légereté de la gravure du fond, qui dans les Epreuves ordinaires, paroit preſqu'effacé. On a depuis quelque tems retouché cette Planche, aſſez bien, pour mettre en défaut la connoiſſance des nouveaux Amateurs.

84 19 425. Sept Eſtampes rares; ſavoir, un Crucifix avec la Vierge, Saint Jean & la Madeleine, Saint François debout ſoutenu par deux Anges, gravé par de Son, d'aprés Callot; un Saint François, tenant d'une main un livre, & de l'autre une Croix de Patriarche : morceau unique de l'Œuvre de Lorangere; deux Pieces des Sacrifices, qui toutes deux repréſentent des Femmes voilées, avec des différences eſſentielles : elles ſont pareillement uniques, & viennent du même Œuvre; voyez-en le détail dans le Catalogue de M. Gerſaint, au dernier article de la page 62.

12 426. La Généalogie de la maiſon de Lorraine, en trois Pieces, très rares.

49 19 427. Deux Eſtampes très rares; ſavoir, la Généalogie Del Turco, Piece au burin, de la premiere maniere de

	CALLOT.	

Callot, & le premier intermede de la Délivrance de Tirenne, Epreuve singuliere, dont le haut du rideau est en partie effacé.

428. Les trois grands Sieges avec les bandes qui leur servent de bordures, & les Explications; savoir, le siege de la Rochelle en quatorze Pieces, celui de l'Isle de Ré en neuf Pieces, & celui de Breda en dix Pices. — 37

429. L'Histoire de Medicis en quinze Pieces, on y a joint trois morceaux d'Etudes pour la même Histoire, qui sont assez rares. — 15 | 1

430. La Pompe Funebre de la Reine d'Espagne en vingt-neuf Pieces, parmi lesquelles il y en a vingt-quatre imprimées au *recto* & au *verso*. Callot n'a gravé que huit morceaux de cette suite, qui est d'après Tempeste, & rare. — 69 | 19

431. Quinze Estampes, dont le Rocher, piece rare; le Brelan; une des quatre Saisons, d'après le Bassan, rare; les monoyes & autres. — 27

432. La grande Foire de Florence de deux Epreuves différentes; savoir, celle qui est avant les deux petites armes gravées aux deux coins du bas de la Planche: Piece rare, mais assez mal conditionée; la seconde est avec — 18 | 10

CALLOT.

les petites Armes, & d'une Epreuve ordinaire.

89 1 433. La même Piece que Callot a répétée à Nancy: Epreuve de la plus grande beauté.

48 434. Sept Pieces; savoir, la Carriere de Nancy, le Jeu de Boule ou la petite Foire, d'une très belle Epreuve, la Pandore, la petite Treille, & les quatre Païsages, parfaits d'Epreuve avant le nom de Callot.

45 5 435. Huit Morceaux; savoir, l'Eventail beau d'Epreuve ; le Catafalque de l'Empereur Matthias, les deux grandes vûes de Paris, fort belles d'Epreuve, la petite vûe de Paris avec le fond de Silveſtre, le Parterre de Nancy, d'une Epreuve parfaite, la Bataille de Veillane, & la Chaſſe, Epreuve dont on diſtingue bien le fond, ce qui eſt difficile à trouver.

24 436. Dix-huit Eſtampes en deux ſuites; savoir, le Soliman, & le Combat à la barriere.

24 10 437. Douze Pieces, dont les trois Pantalons, & un Carouſel, d'après Alphonſe Parigi.

56 10 438. Seize Eſtampes, dont les trois intermedes de la délivrance de Tirenne, d'après Jules Parigi, en quatre Pieces,

à cause de la premiere qui est double
avec le rideau ombré & sans ombre;
le Duc de Lorraine à cheval, & plusieurs Pieces rares, attribuées à Callot.

439. Quatre morceaux de la plus grande
rareté; savoir, une feuille contenant
le plan des diverses entrées d'un Ca-
roufel, le portrait de Charles III,
Duc de Lorraine; une petite Devise,
ayant pour corps un sep de vigne, &
pour ame ces mots Italiens: *Una oro
gialdo sopra fino*, & sur une banderole *Carlo vitale*, & le Portrait de J.
Jacques Mediceus, Marquis de Ma-
rignan: voyez au sujet de ces deux
dernieres Pieces le Catalogue de Lorangere, par Gersaint, pages 116 &
117.

440. Six Pieces; savoir, le Portrait de
Peri, Poete Italien, & le Titre de ses
Ouvrages; le Portrait du Senateur,
celui de Claude Dervet, premiere
Epreuve, & deux Paisages attribués à
Callot.

441. Trois Portraits de Callot, le premier d'après Van-Dyck, gravé par
Vosterman; le second de Michel l'Asne, & le troisieme de A. Loemans.
On y a joint le Portrait à cheval du
Duc de la Valette, gravé par M.
l'Asne, dont le fond qui représente la

439. — 48 . 14

440. — 40 . 4

441. — 18 . 4

Ville de Nancy, est de Callot, morceau rare.

CALLOT.

24   442. Vingt & une Pieces, dont le Portrait de François de Medicis, très beau
d'Epreuve, rare à trouver ainsi, le
Titre des Astrologues, les Danseuses
& les Fileuses, le Portrait de Dervet,
& autres.

40 6 443. Les Caprices de Florence & de
Nancy, faisant en tout cent Pieces.
La premiere de ces suites est très rare,
& du plus beau de Callot.

36   444. Les Gueux, en vingt-cinq Pieces, la
Noblesse, en douze, & les *Balli* en
vingt - quatre : ces trois suites sont
parfaites d'Epreuve. Celles des *Balli* est extrêmement amusante par la
singularité des Figures, & la gentil-
lesse des fonds.

15   445. Cinquante-deux Estampes ; savoir,
les Exercices Militaires en quinze Pieces, y compris deux petites Batailles ;
les Fantaisies en treize pieces ; les
Varie Figure-Gobbi en douze pieces,
& les Bohemiens en quatre pieces :
toutes ces suites sont très belles d'é-
preuve.

20 5 446. Vingt-huit Pieces, dont les grandes & petites miseres de la Guerre ; le
portrait de Louis XIII, par Michel
l'Asne, avec le fond de Callot, re-

préſentant la Bataille de Veillane, &c.

	CALLOT.	

447. Quarante-deux morceaux ; ſavoir, les grands Païſages en 13 pieces, y compris le Titre qui eſt avant la vûe de Florence, qui s'y voit ordinairement ; les Combats Navals en ſix pieces, auxquelles on a ajouté le Deſſein d'un de ces morceaux, très ſpirituellement touché à la plume par Callot, & la ſuite des *Varie-Figure* en vingt-deux pieces, y compris cinq morceaux répétés, dont les épreuves ſont avant le fond, & bien plus rares que les autres. — 18 | 1

448. Cent ving-trois Païſages, ornés de Figures, gravés par de Son, Goyran, Perélle, Silveſtre, & Nobleſſe, ſuite extrêmement complette & difficile à raſſembler : elle contient généralement tous les Païſages, gravés d'aprés Callot. — 25 | 4

449. Huit Païſages trés rares, dediés au Grand Duc de Toſcane en 1658, gravés tout-à-fait dans la maniere de Callot, & qui paroîtroit de ſes commencemens, quoiqu'au bas du Titre on y voie le nom d'*Ercole Bazicalwe di Pizo*. On a joint à ce Païſage le titre des antiquités de la Voſge, piece — 50 | 19

extrêmement rare des commencemens de Callot, gravée en 1626.

ŒUVRES DE LE CLERC.

On ne doit pas douter que cet
Œuvre ne foit un des plus beaux
de le Clerc, vû l'étroite liaifon
& l'amitié qui étoit entre lui &
M. Potier ; auffi trouvera-t'on
dans cette collection, toutes les
Pieces parfaitement bien choifies,
fur-tout celles qui, par leurs ra-
retés, manquent dans la plûpart
des Œuvres. Les Eftampes de le
Clerc font très agréables par leurs
belles Compofitions, & la netteté
de la Gravure ; cet habile Maître
entendoit auffi parfaitement le
Païfage, & deffinoit l'Architecture du meilleur goût, dans les
fujets qui en étoient fufceptibles.
On ne fait ce qu'on doit le plus
admirer dans fes Ouvrages, ou la
fécondité de fon génie, ou fon
grand attachement au travail,
qui lui a fait produire cette pro-
digieufe

digieufe quantité d'Eftampes qui compofent fon Œuvre. M. Potier avoit tant d'amour pour les Ouvrages de ce Maître, qu'il ne refufoit jamais d'acheter les Pieces qu'on lui en apportoit, quoiqu'il les eût déja plufieurs fois, dans l'efperance de perfectioner de plus en plus fa collection, en choififfant les plus belles Epreuves: c'eft ce qui fait qu'on trouvera dans ce Catalogue beaucoup de morceaux & des fuites répétées plufieurs fois.

450. Deux cens dix-neuf Eftampes; favoir, l'Hiftoire Sacrée de Brianville, dont les épreuves du nouveau Teftament font avant l'Edition, & la Paffion de N. S. de deux épreuves différentes, avec bordures & fans bordures.

451. Six Eftampes très rares; favoir, la Multiplication des Pains, premiere épreuve avec une Ville dans le fond, à laquelle le Clerc a fubftitué une montagne qui fe voit dans les épreuves ordinaires, celle-ci eft de la plus grande rareté; deux morceaux du

E

LE CLERC.

Labyrinthe de Verſailles , différents de ceux qui ſont ordinairement dans la ſuite , & qui n'y ont jamais ſervi ; le Grand Concile , & une Lettre griſe qui en dépend : Epreuves ſans lettres avant l'Edition , & la Médaille de la Ville à la gloire de Louis XIV , où ſe voit ſur le revers l'Abondance : cette Piece , qui eſt accompagnée de pluſieurs ornemens, ſe trouve ici avec beaucoup de différence de l'ordinaire.

69

452. Douze Eſtampes ; ſavoir, la Multiplication des Pains , de deux épreuves avant & avec la Lettre ; le *Parvulus* , auſſi de deux différentes épreuves; Elie enlevé au Ciel dans un char enflammé, de deux épreuves , à la premiere les chevaux du char ſont moins ombrés ; Tobie au bord du Tigre ; les deux Vignettes du Saint Auguſtin & la Lettre qui en dépend , premieres épreuves avant l'Edition ; la Vignette de Marc-Antonin , premiere épreuve , & le petit Mauſolé de la Reine.

10

453. La Vie des Saints , ſuite complette, à laquelle on a ajouté quelques-uns de ceux de Gantrelle.

21   2

454. Cent cinquante - quatre Pieces ; ſavoir, les différentes Meſſes , l'Hiſtoire des Mathurins ; la Vie de Saint

Benoît, & deux Portraits de le Clerc, **LE CLERC.**
l'un gravé par Duflos, & l'autre par
Jeaurat.

455. Vingt Pieces, rares, dont la Paire | 82
d'Heures de Venife; le Triomphe de
Trajan, épreuve avant la Lettre; la
Converfion de Saint Paul, de la même
condition, aufli bien que quatre Vignettes, deux du Vitruve, une du
Van-Opftat, & celle de l'Hiftoire
metallique de la Hollande de Bizot.

456. Cinquante-quatre Eftampes, rares, | 106
dont une piece qui avoit été faite pour
les tapifferies, & qui n'a point fervi:
elle repréfente les quatre Elémens. &
les quatre Saifons, caractérifés par les
Divinités qui y préfidoient felon la
Fable; les Tableaux de la Paffion; les
Tableaux parlants de la Vie morale &
mondaine; les Péchés Mortels; le
Portrait du Cardinal Fuftemberg; le
Titre du Traité de la Divine Sageffe,
& autres pieces des premieres manieres de le Clerc, gravées à Metz,
& très rares.

457. Quarante-deux Eftampes, dont le | 40
Saint Claude que M. le Clerc grava
pour M. Potier : cette piece eft de trois
différentes épreuves, la premiere eft
avec le Saint Claude, dans la deuxié-
me le Saint Claude eft effacé, & l'on

E ij

Le Clerc.

voit dans la troisieme une Madeleine que M. Eisen a gravée à la place du Saint : les autres sont les quatre Dialogues de l'Abbé de Choisi, ou les quatre Abbés ; le petit Paradis, &c.

458. Quatre-vingt-deux Vignettes, Titres, Lettres grises & Culs de Lampes, dont l'Histoire Ecclésiastique, les Heures Espagnoles, la Vignette de l'Abbé Bignon, celle des Prédestinés avec sa Lettre, celle des Arts, & autres.

459. L'Académie des Sciences, premiere épreuve avant le Squelette de Cerf ; & l'Entrée d'Alexandre dans Babylone, avec la Tête de profil, & avant l'arcade qui sert de fond à la figure d'Alexandre : piece extrêmement rare.

460. L'Entrée d'Alexandre, & l'Académie des Sciences, épreuves ordinaires, très bonnes.

461. Cent trente-sept Médailles, qui pour la plûpart ont servi à l'Histoire Metallique de Louis XIV.

462. Deux cens soixante Estampes, dont les Statuts, & autres morceaux relatifs à l'Ordre du Saint Esprit ; les Vignettes de l'Histoire de la Ligue, la Harpe, les Monnoies de Sainte Genevieve, & autres,

463. Soixante & sept morceaux, dont l'Histoire de Toulouse, premieres épreuves avant l'édition; celle de la Maison d'Auvergne; la Vignette du Laboureur, & autres.

464. Le Triomphe de Charles IV, Duc de Lorraine, en vingt-deux pieces, y compris le Portrait de ce Prince à cheval, pieces rares, gravées à Metz.

465. Soixante & treize Estampes, dont l'Histoire du Duc de Lorraine en trente-sept pieces; les petites Conquêtes en huit pieces, le Siege de Namur, la Fortesse de Montmeliand, & autres.

466. Quarante-neuf Estampes; savoir, l'Histoire des Antilles en dix-huit pieces, premieres épreuves; & une suite de Figures anatomiques de Perault.

467. Treize morceaux, la plûpart Vignettes, dont celle des Animaux avant d'être tronquée; celle des Hollandois avec un fond blanc; celle de Bouillon, premiere épreuve avec différences de l'ordinaire; l'Enseigne de Lyon, très rare; les deux Ecrans roïaux, & autres.

468. Soixante & sept Estampes, dont le Labyrinthe de Versailles; premieres épreuves avant d'être chiffrées; les Fables d'Esope, & autres.

E iij

LE CLERC. 469. Vingt-quatre Estampes ; savoir,
deux suites des Batailles d'Alexandre.
Une de ces suites est avant la Lettre,
à l'exception de la Famille de Darius,
qui cependant est avant que l'Epaule
de la femme qui est au pied d'un arbre, ait été ombrée : le surplus sont
des Vignettes & Lettres grises.

470. Quatorze Estampes, dont l'Alliance des Suisses, épreuve singuliere
non-finie, dont le fond est pur de le
Clerc : cette Piece a été depuis ra-
chevée par Nolin ; un trait en petit
de la Galerie de Versailles, morceau
très rare ; une des Devises de l'éle-
ment du feu, ayant pour corps un
encensoir ; premiere épreuve, dont les
brasiers qui sont aux deux côtés du
Cartel, jettent une épaisse fumée qui
a été supprimée depuis ; & le sujet de
Lustucru, d'une plus grande forme
que l'ordinaire ; il est gravé simple-
ment au trait, & fort rare.

471. Les Tapisseries des quatres Saisons &
des quatre Elemens avec leurs devises,
en quarante-neuf pieces, y compris
le Siege de Tournay ; l'Alliance des
Suisses, & autres.

472 Les Conquêtes de Louis XIV, en
trente-une pieces, y compris un passe-

partout pour écrire le Titre ; & la grande Bataille de Cassel.

Le Clerc.

473. Deux suites différentes des Animaux du Cabinet du Roi, en soixante & dix-huit pieces, y compris le Titre & les Vignettes : une de ces suites est tronquée.

474. Soixante & onze Pieces, dont les Heures à la Chanceliere, les Gonds d'Angleterre, l'Academie de Platon, morceau rare, & autres.

475. Quatorze Estampes, représentant pour la plûpart des Tombeaux & des Catafalques, dont celui de Charles XI, Roi de Suede, premiere épreuve avant la Lettre, & celui du Chancelier Seguier : l'iece qui a servi pour la reception de le Clerc à l'Academie Royale de Peinture & Sculpture.

476. L'Apothéose d'Isis, premiere épreuve avec les Danseurs, & celle avec les Sacrificateurs avant la Lettre, & une Eau-forte de la même piece avec les Danseurs.

477. Les Tireurs de Nantes, piece rare, d'une épreuve parfaite.

478. Vingt-neuf Estampes, dont une Tête de Vieillard, très rare ; la Prestation de Serment de M. Dangeau, avant la Lettre, & autres.

479. Soixante & cinq morceaux, dont

LE CLERC.

les Métamorphofes d'Ovide avec le Titre ; l'Hiftoire de Pfyché en quatre pieces ; la Cléopâtre, les Œuvres de Racine avec quatre épreuves différentes de la Tragedie d'Efther, du même Auteur.

480. Dix Eftampes, dont les deux petites Venus, rares, trois copies différentes de ces pieces ; la Vignette de Tivoli & fa Lettre, & autres. On ne connoît gueres que deux ou trois épreuves de la premiere Venus, dont une eft chez le Roi, & vient de l'Œuvre de feu M. de Beringhen, à qui M. Potier en avoit fait préfent.

481. Soixante & treize Eftampes, dont une Allegorie appellée la Barque, premiere épreuve fans Lettres ; l'Office de la Vierge, ouvrage de Metz ; la Cour d'Amour ; plufieurs morceaux des Saints, de Gantrelle, premieres épreuves non-retouchées, fans Lettres ; le Titre de l'Hiftoire des Goths, & autres.

482. Les petits Poètes Italiens en foixante-dix-huit pieces, très belles d'épreuve.

483. Deux cens quarante-fept pieces ; favoir, le Livre à deffiner, dedié à M. Boucœur, de deux épreuves différentes, chifrées & non-chifrées en qua-

rante pieces ; celui dedié à M. Colbert LE CLERC.
d'Ormoy , de même condition en
foixante pieces ; les Caracteres des
Paffions, d'après le Brun en vingt
pieces ; les principes de Deffein en
cinquante-une pieces ; les Figures d'A-
cademie de Dufrefnoy en trente-deux
pieces , & les Modes en quarante-
quatre , avec plufieurs épreuves répétées à caufe des différences.

484. Soixante & dix pieces , dont la   72
fuite des divers états & conditions
de la Vie humaine , avec plufieurs
premieres épreuves, différentes des ordinaires, en ce que les chapeaux des
Figures font d'une forme plus allon-
gée : cette fuite eft compofée de
trente-deux pieces , & la plus complette qui fe puiffe trouver ; les deux
morceaux de la Bible de Royaumont,
épreuves fans Lettre ; une Vignette
des Animaux , très rare , qui n'a jamais fervi à la fuite, & autres pieces.

485. Cent quarante-trois Païfages ; fa-   56
voir , les Environs de Paris en dix-
huit pieces , à caufe de fix qui font
répétées avec différence , la fuite dediée à M. le Duc de Bourgogne , en
foixante pieces ; celle de M. de Cour-
tenvaux , en quarante pieces , y compris plufieurs doubles ; celle dediée à

E v

LE CLERC   M. de Beringhen , de vingt-quatre
morceaux , répétés avec différences ,
& le petit plan de Versailles.

29   1   486. Quarante - six Estampes , dont le
Plan de Metz , rare ; la Jonction des
deux Mers , épreuve parfaite ; les Re-
marques d'Abraham Fabert avec le
Portrait de l'Auteur , imprimé au
verso du Titre , piece très rare , &
autres.

15   19   487. Deux cens sept Pieces , dont la Des-
truction de Lustucru , Piece rare ; les
Fortifications de Brioys , la petite Géometrie , le point de vûe , le Système
de l'Univers , & autres.

16   1   488. Soixante & dix-neuf Figures pour
la Traduction de Vitruve , par Cl.
Perrault , dans lesquelles il se trouve
plusieurs morceaux gravés par le
Clerc.

23   19   489. Deux Estampes ; savoir, la Repré-
sentation des Machines qui ont servi
à enlever les deux grandes pierres qui
couvrent le fronton du Louvre ,
épreuve parfaite avant l'écriture , rare
à trouver de cette façon ; la seconde
est l'élevation du Peristyle du Louvre,
par Marotte , dont le Clerc a gravé
les bas reliefs qui ornent cet édifice.

18   5   490. Quarante - neuf pieces , dont le
Palais de Stockholm , le Temple de

Salomon ; l'Arc de Triomphe ; l'Or- LE CLERC.
dre François de Perrault , & autres
morceaux d'Architecture.

491. Soixante & six Estampes , dont les   26
Pavillons de Marly , & la Chapelle de
Versailles.

492. Les Figures du Livre d'Architectu-   14
re de le Clerc , en quatre-vingt-onze
pieces.

ESTAMPES DE LE CLERC , SURNUME-
RAIRES A L'ŒUVRE.

493. Deux cens quatre Estampes , parmi   39
lesquelles il s'en trouve de rares , &
plusieurs morceaux de Callot & de
la Belle.

494. Trente-huit Estampes des Conquê-   36
tes de Louis XIV , par le Clerc , Chas-
tillon , Dolivart , & autres.

495. Deux cens trois Pieces , dont la pe-   24
tite Géometrie , le Brioys , le petit
Vitruve , & autres.

496. Deux cens soixante & cinq mor-   18
ceaux , dont les Petits Poètes , la
Cléopâtre , l'Histoire des Antilles , &
l'Arc de Triomphe.

497. Cinquante - trois Estampes , dont   19
l'Histoire du Cardinal Ximenès , celle
de Toulouse ; l'Academie de Platon ;

LE CLERC.

le Grand Concile ; la Vignette de l'Abbé Bignon, & le Tivoli.

36   1   498. Deux cens cinq Estampes, dont l'Histoire Ecclesiastique, celle de la maison de la Tour d'Auvergne, les Petits Poètes, le Camouflet des Auteurs, le Grand Concile, &c.

32   9   499. Deux cens quatre-vingt Vignettes, Culs de Lampes, & autres pieces propres à completer des suites, parmi lesquelles il y en a de rares.

ŒUVRE DE CHAUVEAU.

9   5   500. Cent quatre-vingt-quatre Pieces, dont la Sainte Cecile du Cabinet du Roi ; plusieurs suites de Vignettes de la Bible, les Figures du Poème de Pharamond, celles du Poème de St. Louis, & autres morceaux, tous beaux d'épreuve.

9   1   501. Trois cens vingt Estampes & Vignettes, dont le Breviaire Romain ; Alaric, Poème de Scuderi ; les Metamorphoses d'Ovide pour les Rondeaux de Benserade, premieres épreuves avant l'Edition, gravées six à six sur une même planche, les Fables d'Esope, & autres.

10   10   502. Cent trente-trois Vignettes, Titres

de Livres , & autres sujets , dont la
Vie de Saint Bruno, d'après le Sueur,
premieres épreuves.

503. Cent quatre Estampes & Desseins ,
dont l'Histoire Grecque , premieres
épreuves, la plupart avant la Lettre ;
le Carousel , dont plusieurs morceaux
sont aussi avant la Lettre ; & trente-
trois Desseins ; dans le nombre des-
quels il y a quelques Metamorphoses,
& quatre sujets pour la premiere édition du Lutrin de Boileau. Il n'y a eu
de gravé que celui qui représente la
molesse.

ŒUVRE D'EDELINCK.

La beauté du burin d'Edelinck,
a mis ce Graveur au rang d'un
des meilleurs Artistes du siecle
dernier , si fécond en habiles gens.
On trouve dans ses Estampes un
travail gracieux & savant , qui
rend dans leurs vrais caracteres les
Tableaux des Maîtres , d'après lesquels il a gravé. Il a sur-tout exécuté supérieurement les Portraits,
& feu M. Rigauld , quoique si bien
secondé par le burin précieux des

EDELINCK Drevets, regrettoit souvent celui d'Edelinck, dans lequel il trouvoit une grande liberté, qui en conservant à ses Estampes un beau fini, ne laisse point appercevoir un travail peiné.

Les Epreuves qui composent cet Œuvre, ont été choisies avec le même soin que celles des collections précédentes, & ne laissent rien à desirer aux Amateurs.

S U J E T S.

36	4	504. La Sainte Famille, d'après Raphael, premiere & parfaite épreuve avant les armes de Colbert.
36		505. La Madeleine des Carmelites du Faubourg Saint Jacques, d'après le Brun, premiere épreuve sans Lettre.
29	2	506. Trois Estampes, d'après le Brun; savoir, la Madeleine des Carmelites; le Saint Louis, & le Saint Charles Boromée qui est à Saint Nicolas du Chardoneret, dans la Chapelle où est inhumé M. le Brun.
30	1	507. La Famille de Darius, d'après le Brun; & le même sujet, d'après Mi-

gnard , commencé par Edelinck , &
terminé par P. Drevet.

508. Neuf Eſtampes, dont le Saint Jo-
ſeph, d'après le Brun ; le Moïſe, d'a-
près Champagne , & une Bataille d'a-
près la Foſſe.

509. Trente-quatre Pieces , dont le Crucifix aux Anges , de le Brun , en deux
pieces ; la Couſeuſe du Guide ; pluſieurs jolies Vignettes, rares, & autres.

510. Vingt - quatre Eſtampes , d'après
différens Maîtres.

511. Trente morceaux , dont le Groupe
des Bains d'Apollon , pluſieurs Statues
de Verſailles , & différentes Enigmes,
rares , tirées des Métamorphoſes.

512. Huit grandes Theſes , dont ſept
ſont en deux feuilles.

PORTRAITS.

513. Cinquante - ſept Portraits de Per-
ſonnes illuſtres.

514. Quarante - ſix Portraits , dont le
Chancelier d'Aligre , & Pierre-Mau-
rice le Tellier , Archevêq. de Rheims.
La tête eſt de grandeur naturelle.

515. Vingt-deux Portraits, dont le Comte de Kaunitz , rare ; le Grand Duc de
Toſcane & ſon Epouſe , peints par

EDELINCK. Rubens dans la Galerie de Luxembourg, & autres.

30   516. Quarante-sept Portraits pour la suite des Hommes illustres de Perrault, dont ceux d'Arnaud, de Paschal, & de la Fontaine, des premieres épreuves.

36   517. Vingt-un Portraits choisis; savoir, l'Abbé Bignon, épreuve sans Lettre, Santeuil, Dilgerus, Madame de Lamoignon, Madame Eliot, & autres.

21   1   518. Seize beaux Portraits, dont Leonard, Imprimeur du Roi ; Poisson le pere, en habit de Crispin ; Mouton, fameux joueur de Luth ; l'Abbé de Lionne, M Arnaud, &c.

50 8   519. Soixante & treize Portraits de Peintres, Sculpteurs & Graveurs, dont plusieurs sont d'Edelinck, & autres bons Maîtres ; suite intéressante pour les Amateurs, parmi laquelle il y en a plusieurs de rares.

ŒUVRE DE NANTEUIL.

Le nom de Nanteuil est célebre parmi les Artistes qui se sont particulierement adonnés au Portrait. Cet habile homme, qui avoit été destiné par ses parens à l'étude des

Belles - Lettres, se trouva forcé
par son génie à quitter cette brillante carriere, pour suivre celle
des Arts. Il se distingua avec tant
de supériorité dans le genre qu'il
embrassa, que tout ce qu'il y a eu
en France de personnes célebres,
ou par leur naissance ou par
leurs talents, se sont fait un plaisir d'avoir leurs Portraits de sa
main; c'est ce qui rend ce recueil
aussi intéressant, par la perfection
du travail de chaque morceau,
que par les grands Hommes qui y
sont immortalisés.

520. Quarante-six Portraits de Personnes illustres.
521. Cinquante - cinq Portraits, dont
   plusieurs beaux de M. Colbert. Dans
   le nombre de ces Pieces se trouve la
   These de Philosophie que cet habile
   Maître a soutenue à Rheims, & qu'il a
   gravée lui-même.
522. Vingt-deux beaux Portraits, dont
   l'Avocat de Hollande, morceau rare
   de la premiere épreuve; M. de Colbert; la Reine Anne d'Autriche, dont
   la tête est de grandeur naturelle, &c.

NAN-
TUEIL.

17

523. Vint-deux Portraits de choix, dont le petit Loret, Pompone de Bellievre, Monfieur de Turenne, & autres, la plûpart, des premieres épreuves avant la Lettre.

SUJETS ET PORTRAITS DE DIFFERENS MAÎTRES.

15. 16 524. Quatre-vingt-quinze Portraits de Perfonnes illuftres, par différens Maîtres.

12. 4 525. Soixante & quinze Portraits. *idem.*

14 526. Quatre-vingt-neuf. *idem.*

9 12 527. Cent onze. *idem.*

15 15 528. Trente-neuf Eftampes allegoriques à l'Agiot, & autres affaires du temps.

21 529. Sept Portraits, dont fix, d'après Rigault; favoir, Louis XIV & Louis XV, en pieds, gravés par P. Drevet; la Ducheffe de Nemours; le Cardinal de Bouillon; le Comte d'Evreux, & une Vignette du Portrait de Madame: petit chef-d'œuvre de P. Drevet.

24 1 530. Dix-huit Portraits, d'après Rigault, dont ceux de Madame, de M. de Luxembourg, de Boileau, & autres.

9 530 *bis.* Vingt-fix Portraits, d'après Rigault & autres.

30 531 Seize Portraits de différens Maîtres, dont le Stathouder de Hollande

dernier mort, & fon Fils, par Hou-
braken ; M. Rollin, M. de Mauper-
tuis en habit de Lapon, M. Alga-
rotti, Pecourt fameux danfeur, M.
de Crebillon & autres.

532 Le beau Portrait du Comte d'Har-
court, appellé Cadet la perle, par
Maffon & le Brifacier, du même,
épreuve avant la lettre. — 55

533 Vingt-cinq Portraits de différens
Maîtres, dont celui de M. le Dauphin
& celui de Rouffeau. — 14

533 *bis*. Sept Portraits d'après Rigault
& Aved. — 12 | 18

534 Vingt-quatre Eftampes d'après le
Pouffin, dont le Tems qui enleve la
Vérité, premiere épreuve, avant la
petite draperie qui couvre la Vérité ;
le Coriolan, le frappement du Rocher &c. — 54

535 Soixante deux Eftampes de Mellan,
dont le Portrait de Juftinien, rare, &
deux fuites de Statues & Buftes du
Cabinet du Roi, une des deux eft
avant la lettre. — 30 | 1

536 Six Eftampes d'après le Brun, dont
la Conquête de la Franche-Comtée,
peinte dans la gallerie de Verfailles,
premiere épreuve, avant d'être retouchée, la Famille de Darius, gravée par Edelinck &c. — 28

11   2   537 Plufieurs Plafonds & Thefes, d'après le Brun, en vingt-neuf pieces, dont la Coupole de la Chapelle de Sceaux, le Plafond du grand Efcalier de Verfailles & autres.

7   10   538 Vingt-deux Eftampes, d'après le Brun, Champagne, Coypel & autres Maîtres.

26   6   539 Seize Eftampes d'après Mignard, dont la Communion de Saint Charles, de deux différentes épreuves, dans la premiere, le Saint donne la Communion de la main gauche; la Vierge au raifin, très belle épreuve, plufieurs grandes Thefes & autres.

21   1   540 Vingt-trois pieces d'après le Sueur, dont la Maladie d'Alexandre, Saint Paul faifant brûler des Livres, le Martyre de Saint Laurent &c.

14   18   541 Vingt-cinq Eftampes d'après le Pouffin, Champagne, Stella & autres Maîtres, dont le grand Crucifix de Champagne.

30   542 Dix-huit morceaux d'après le Moine, de Troye, & Pierre, dont la grande Thefe de le Moine & les quatre fujets du même, gravés par M. Cars, favoir Hercule & Omphale, le Tems qui enleve la Vérité, Andromede & la Baigneufe.

25   12   543 Vingt-une Eftampes, du Bourdon;

Boulogne & autres bons Maîtres.

544 Seize pieces d'après Antoine Coypel, dont les Adieux d'Hector & d'Andromaque, la Colere d'Achille, Athalie &c.   24 16

545 Vingt-cinq morceaux de Wateau & Lancret.   22

545 bis. Qurante-trois Estampes de Wateau, Cochin & autres.   14 6

546 Vingt-huit Estampes des Contes de la Fontaine, d'après Lancret, Pater, Boucher & autres Maîtres, elles font des premieres épreuves.   28

547 Trente-huit Estampes d'après MM. Boucher, C. Van-Loo, Bouchardon, Chardin & autres bons Maîtres modernes, dont la Belle Villageoise, gravée d'après M. Boucher, par M. Soubeyran : cet habile Graveur a fçu rendre avec beaucoup d'art tout le gracieux de la composition de l'aimable Peintre, Auteur de ce morceau.   34

ŒUVRE DE BERNARD PICART.

Ceux qui recherchent dans les Estampes le gracieux de la Composition, & le beau fini, feront toujours grand cas de celles de B. Picart : Cet habile Graveur, qui a

PICART. paſſé la plus grande partie de ſa vie en Hollande, s'eſt appliqué à travailler avec une extrême propreté, afin de ſatisfaire une Nation qui eſtime particulierement les Ouvrages ſoignés. La collection que nous annonçons a été faite avec beaucoup d'attention, & les Epreuves en ſont de la plus grande beauté.

80. 10   548 La ſuitte des Impoſtures innocentes, en ſoixante-dix-huit pieces, y compris le Portrait de B. Picart, la quatrieme piece manque.

27. 1   549 Les Peintures de le Sueur & de le Brun, qui ſont à l'Hôtel Lambert, en trente-ſept pieces, non compris les titres & explications, & deux épreuves à l'eau forte de la Délivrance d'Heſione par Hercule, peinte par le Brun ; cette ſuite eſt très complette & intéreſſante.

9. 6   550 L'Hiſtoire de Méleagre, d'après les Tapiſſeries du Palais Royal, exécutées ſur les deſſeins de le Brun, en huit pieces y compris le titre.

9. 1   551 Dix-huit Eſtampes, dont l'Agiot, le Portrait de Meſſire Quinquempoix, le Gouvernement de la Reine, grand

morceau de la Galerie de Luxembourg &c.

552 Treize pieces, dont le *Quos Ego*, d'après Coypel, l'Assemblée des Etats du Languedoc, le Jeu de la Constitution, piece très rare, &c.

553 Seize pieces, dont la grande Bataille de Porus, d'après Gobert, en trois pieces; Renauld & Armide, commencé par F. Chereau & terminé par Picart; les figures des Œuvres de Leon-Baptiste Albert &c.

554 Soixante-onze Estampes, pour les Œuvres de M. de Fontenelle, premieres épreuves avant l'édition.

555 Vingt Titres de Livres & Vignettes, dont le Triomphe de la Peinture, la Minerve premiere épreuve, avec les vers, le Massacre des Innocens, avant la Couronne sur la tête d'Herode, les Traités de paix, la Médaille des graces &c.

556 Quarante-cinq Titres, Vignettes & Culs-de-lampes, dont le titre des Œuvres de la Fontaine; les quatre Fables de la Motte; la Médaille des graces; une Résurrection, une Gloire de Saints & un Titre; ces trois morceaux sont accompagnés des desseins qui ont servi à les graver.

557 Le grand & petit Boileau, en soi-

PICART.

xante - dix - neuf pieces , premieres épreuves avant l'édition.

558 Trente-quatre Titres, Vignettes & Culs-de-lampes , dont le Titre des Métamorphoses, celui des Cérémonies Religieuses, les Traités de paix, l'Alliance des Suisses, le grand Dictionnaire historique, les deux Vignettes de la Mort de Marie, Reine d'Ecosse , & de celle de Charles I , Roi d'Angleterre ; le Cabinet d'Histoire Naturelle de Vincent, le Rossignol,& autres morceaux intéressans.

559 Seize Vignettes & Titres de Livres, dont celui de l'Histoire des Princes qui ont gouverné les Pays-Bas ; le Triomphe de la Peinture, les Voyages de la Motraye, le Cabinet du Prince de Saxe Gotha &c.

560 Quatre-vingt-dix-neuf Vignettes , Titres & autres morceaux , dont les figures de Télémaque, l'Alcoran des Cordeliers, les Œuvres de Saint Evremond, les Mémoires de Frederic Henri Prince d'Orange & autres.

561 Vingt-trois Estampes, dont plusieurs beaux Titres, savoir les Annales de la Monarchie Françoise , les Antiquités Romaines, la Navigation de l'Asie, l'Afrique & l'Amérique, le Titre d'un Atlas, celui de Palladio,

l'Histoire

l'Hiſtoire Metallique de la Hollande &c.

562 Quinze pieces, dont le Maſſacre
des Innocens, premiere épreuve avec
les trois Vignettes qui en dépendent ;
la Minerve avec les vers, &c.

563. Les Noces ou Epithalames en dix-
ſept pieces, à cauſe de pluſieurs différences qui ſe trouvent à quelques-
unes : Eſtampes des plus recherchées
pour leurs compoſitions agréables.

564. Cent cinq Eſtampes, dont l'Iliade
d'Homere, les Comedies de Terence,
& autres.

565. Quatre-vingt-treize Pieces, la plûpart Titres de Livres, dont les Figures du *Cimbalum Mundi*, &c.

566. Les Cérémonies Religieuſes, premieres épreuves en 291 pieces, y
compris celles qui ont ſervi à la ſe-
conde Edition ; l'Hiſtoire des Incas du
Perou, & la Bible de Mortier : Article très intéreſſant par la variété des
objets, également inſtructifs & amu-
ſants.

567. Vingt - ſix Eſtampes repréſentant
pour la plûpart, des évenemens de
l'Hiſtoire de Hollande.

568. Cinquante-trois Portraits & Vignettes, dont celles des Céſars, de
l'Empereur, Julien avec le Titre.

F

B. PICART.

569. Soixante quinze Vignettes, Culs-de-Lampes, Modes, & autres morceaux, dont quelques-uns de M. Dubourg, habile Peintre Hollandois.

570. Soixante & treize Estampes, dont le Carosse qui a servi à l'entrée du Duc d'Ossone, Ministre Plénipotentiaire d'Espagne au Congrès d'Utrecht en 1713.

571. Cent dix-sept morceaux, dont plusieurs sujets de tabatieres, le Roman de Robinson Crusoë, & autres.

572. Soixante & cinq Estampes de Modes Françoises, y compris les Caracteres des Passions, d'après le Brun, & autres pieces.

573. Quarante-deux Portraits, dont celui de Picart, gravé par Verkolie, le Prince Eugene, le Comte de Sinzindorf, &c.

DIFFERENS MAÎTRES.

574. Deux cens quatre-vingt-dix-sept Estampes, la plûpart Vignettes, dont un grand nombre de M. Cochin le fils, pour l'Histoire de France du Président Henault, pour celle des Voyages, & autres sujets.

575. Neuf Estampes représentant des Catafalques & des Fêtes, dont celles

du premier mariage de Monseigneur
le Dauphin, par M. Cochin, le fils.

576. Soixante-six Estampes de différents
Maîtres. ... 21

577. La suite du Carousel donné par
Louis XIV, avec les Explications
Françoises, & un recueil de Medailles du bas Empire, faisant en tout
quatre-vingt-cinq pieces ; il en manque quelques-unes au Carousel. ... 5

578. La suite complette des Statues &
Bustes du Cabinet du Roi, par Mellan
& Baudet, en soixante Pieces. ... 21

579. Les Fêtes de Versailles en neuf pieces, la Grotte en vingt, & le Plafond
de la Chapelle de Sceaux en cinq, faisant en total trente-quatre pieces. ... 12. 3

580. Quatre-vingt-dix-sept Pieces dépa-
reillées du Cabinet du Roi, composées de Statues, Bustes & sujets,
avec l'Explication des Tableaux. ... 12. 3

581. Les Figures de la Bible de Mortier
en cent dix-neuf pieces. ... 7

582. Cent quarante-deux Figures pour
l'antiquité expliquée du P. Mont-
faucon. ... 5. 10

583. Les Vaisseaux de Randon en dix-
huit pieces. ... 7. 6

584. Onze morceaux de Topographie,
dont Saint Paul de Londres. ... 19. 1

584. bis. Vingt-deux grands morceaux ... 38. 2

composants la suite des Tombeaux
des grands Hommes d'Angleterre,
gravés d'après les Desseins de Mrs.
Boucher, Van Loo, & différents Maîtres modernes d'Italie, par les meilleurs Graveurs du temps.

Il est à propos de remarquer au
sujet de ces Estampes, que M. l'Abbé le Blanc, qui nous a donné de si
belles Lettres sur les Anglois, pour
mieux faire connoître le ridicule
des pompes funebres de ce Peu-
ple singulier, a semblé croire que
cette suite avoit été faite pour
servir de modele à la construction
des tombeaux que voudroient éle-
ver les particuliers ; & pour faire
un contraste plaisant, il a affecté
de faire sentir que l'on a emploié
pour ces compositions, dont
l'objet ne peut être que serieux,
le craïon enjoué de M. Boucher,
le plus galant de tous nos Peintres : mais pour faire voir que cet
endroit de la Lettre de Monsieur
l'Abbé le Blanc, n'est qu'une de
ces exagérations employées par

les Auteurs, pour égaïer leurs matieres, il suffit de dire que cette suite a été imaginée par un zélé Patriote, qui a voulu rendre hommage à la mémoire des Grands Hommes en différents genres, qu'a produits l'Angleterre, tels que Newton, le Duc de Marlborough, & autres Personnages fameux. Il est bon aussi de remarquer que dans les Compositions de M. Boucher, cet excellent Maître a bien fait connoître que ses craïons ne sont pas toujours entre les mains des Amours, & qu'il sait, quand il veut leur faire prendre un vol plus élevé; en effet les Desseins qu'il a composés pour cette suite, sont de la plus grande maniere; les Figures qui en font l'ornement, sont parfaitement convenables au sujet, & caracterisent avec justesse l'état & les talens de ceux, à l'honneur de qui ils ont été imaginés. Ils sont un sûr témoignage, par la comparaison qu'on en peut faire avec les

morceaux de la même fuite, compo-
fés en Italie ; combien notre
Ecole préfente eft fupérieure à
celle qui nous refte de cette ancienne Maîtreffe des Arts.

585. Deux cens onze morceaux de Topographie & Païfages.

586. Sept cens foixante & deux Eftampes
de peu de conféquence.

587. Soixante & huit Cartes Géographiques, dont l'Afie, l'Afrique, l'Amerique, & l'Italie de M. Danville : une
ancienne Carte, très rare de l'Auftrafie,
par Tavernier ; le Brefil, par Georges
Margraffe, Allemand : Carte rare en
douze feuilles ; quelques - unes de
Delifle, & l'Amerique Septentrionale
traduite de l'Anglois, par Monfieur
le Rouge.

PLANCHES

GRAVE'ES PAR LE CLERC.

588. Une Planche de le Clerc, repréfentant un Païfage où étoit gravé ci-
devant un Saint Claude, auquel M.
Potier a fait fubftituer une Madeleine

par M. Eizen, avec six premieres
épreuves du Saint Claude, accompagnés d'une contre-épreuve, & dix-
huit épreuves de la Madeleine.

589. La Planche du Songe de Salomon
avec quatre-vingt-six épreuves.

590. La Venus sur les eaux avec les aug-
mentations d'Eisen : on y a joint quatre premieres épreuves, & vingt-trois
comme elle tire à présent.

591. La copie de la premiere Venus,
rare, avec cent quatorze épreuves, &
celle de la seconde avec cent seize
épreuves : ces Copies sont faites avec
beaucoup de justesse.

592. Vingt-deux Planches ; savoir, le
le Chapitre de l'Ordre du Saint Esprit, qui n'a pas servi aux Statuts de
cet Ordre, avec sept épreuves.

Le Portrait du Pere de M. Potier en
forme de Médaille avec vingt-neuf
épreuves.

Treize Médailles de l'Histoire de
Louis XIV, qui n'ont point servi au
Livre, avec soixante & seize épreuves.

Un petit Païsage, & son pendant
qui représente un enfant tenant un
plan, avec sept épreuves de ce dernier
morceau.

Quatre Muses gravées au trait, &
vingt-huit épreuves.

F iv

La derniere Planche eſt une Vignette pour l'Hiſtoire de Toulouſe, qui n'a pas ſervi à ce Livre.

593. Les quatre morceaux de l'Hiſtoire de Pſychée avec quarante-cinq ſuites des premieres épreuves, dix-ſept morceaux imparfaits, & quatre-vingt-une ſuites des dernieres épreuves.

MEDAILLES.

594. Trente-une Médailles de moyen & petit bronze, dont trois antiques.

Vingt-huit Médailles & Monnoies anciennes & modernes d'argent fin, dont pluſieurs rares & intéreſſantes, entr'autres une du Czar frappée à Peterſbourg, & une d'or de l'Imperatrice Reine d'Hongrie.

Trente pieces de Monnoies anciennes de Billon.

Ces trois Articles ſeront détaillés.

595. Une boëte de Lacq renfermant ſix pains d'encre de la Chine.

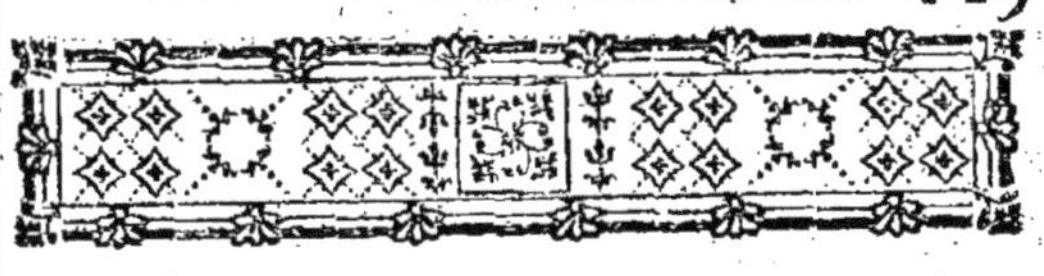

LIVRES

D'ESTAMPES.

596. UN petit Œuvre du Parmesan
contenant cent dix sept morceaux en
partie, gravés par lui même. *Vol. in-
fol. Parchem.* 72

597. Recueil d'Eaux fortes du Guide,
Pesares, Elisabeth Sirani, & autres
Maîtres, en cent cinquante-trois pie-
ces. *v. in-fol. veau.* 120 4

598. L'Œuvre de Willem-Baur, Maître
Allemand, dont les Ouvrages sont
extrêmement agréables. Toutes les
Estampes sont des premieres épreuves:
cet exemplaire vient du Cabinet de
feu M. de Lorangere. *grand in-fol.
veau.* 234 7

599. L'Œuvre de Gerard Lairesse, qui
est de tous les Maîtres Hollandois
celui qui a le plus travaillé dans la
grande maniere. *vol. in-fol. v.* 84

600. Recueil de plusieurs petits sujets,
par Tempeste en plus de deux cens
pieces, avec le Portrait de ce Maître, 9 15

F v

gravé par le Padouan. *vol. petit in-fol. maroq. vert.*

51 601 Les vingt-quatre Tableaux du Cabinet du Roi, avec leurs explications, la Sainte Famille, de Raphael, gravée par Edelinck, avec les armes de Colbert. *vol. in fol. v.*

117 602 La Gallerie de Luxembourg, d'anciennes épreuves, parfaitement conditionnées. *vol. in fol. v.*

33 603 Les Tapisseries du Roi, gravées par le Clerc, où sont représentés les quatre Elémens & les quatre Saisons, avec leurs Devises & le Discours, premiere édition, de l'Imprimerie Roïale 1670. *vol. in fol. v.*

19 17 604 Les mêmes Tapisseries, de la seconde édition. 1679. *in fol. v.*

136 1 605 Les grandes Batailles d'Alexandre, d'après le Brun, gravées par G. Audran & Edelinck, avec la Bataille & le Triomphe de Constantin, premieres épreuves, de l'impression de Goyton. *in fol. Carta Maxima. mar. rouge.*

15 1 606 Recueil d'Académie & Etudes, d'après les plus grands Maîtres d'Italie, gravées par Jean de Bisschop. *La Haye*, 1671. *petit in fol. v.*

18 607 L'Académie de l'admirable Art de la Lutte, avec les figures de Romain de Hooge, *Leyde, vol. in 4. v.*

608 Recueil de deux cens quatre-vingt-trois Estampes, à l'eau forte, gravées, par différens Peintres, d'après les desseins du Cabinet de M. Jabach, qui sont aujourd'hui au Cabinet du Roy, *gros vol. in fol. oblong. v.*	32	19
609 Les Pastorales de Mlle. Stella, anciennes épreuves, *petit in fol. obl. parch.*	15	
610 Les Jeux d'Enfans, de Stella, gravés par Antoinette Bousonet Stella, belles épreuves.	8	5
611 L'Œuvre de J. Mariette, en huit cens vingt pieces. *grand in fol. v.*	30	1
611 *bis.* Un volume *in* 4. *oblong.* contenant cent dix Estampes, de différens Maîtres.	6	6
612 Desseins d'habillemens d'Opera, gravés par Joulain, d'après Gillot. *vol. in* 12. *parch. vert.*	7	10
613 *Icones Historiarum Veteris Testamenti,* ou figures du Vieux Testament, avec des gravures en bois & des Vers françois, servant d'explication, *Lyon,* 1547. *petit in* 4. *v.*	3	
614 Les Saints Fondateurs des Ordres Religieux, peints dans le Chœur du Monastère des Liessies, de l'Ordre de Saint Benoît, à Anvers, gravés par Corn. Galle. 1630. *in* 4. *parch.*	2	5
615 Histoire de l'Institution de tous les	6	15

F vj

Ordres Religieux, avec leurs habits, gravés par Odoard Fialetti Boulonnois, éleve des Caraches, avec le Discours françois & italien. *Paris*, 1658. *in* 4. *v.*

9 5 616 La Forêt des Hermites & Hermitesses d'Egypte & de la Palestine, avec les Figures, gravées par Bolsvert, d'après Abraham Bloemaert. *Anvers*, 1619. *in* 4. *Parch.*

6 10 617 La Vie du P. Gabriel Maria, de l'Ordre de Saint François, celle de Sainte Catherine de Sienne, & une suite de Saintes, gravées à Anvers, par Corn. Galle & autres. *petit in-quart. v.*

2 5 618 Le Panégyrique de Saint Louis, & autres Panégyriques, Discours & Oraisons funebres, par l'Abbé de la Chambre, avec des Figures de le Clerc. *Paris*, 1681. *vol. in* 4. *v.*

4 4 619 L'Histoire du Cardinal Ximenes, par M. Esprit Flechier, Evêque de Nismes, avec Figures de le Clerc. *Paris*, 1693. *in* 4. *v.*

8 1 620 Les Emblêmes de l'Amour divin, par Otho Vœnius, avec des Explications latines, espagnoles, flamandes & françoises. *Anvers*, 1615. *in* 4. *mar. rouge.*

1 6 621 Les Emblêmes Latins de J. Sam-

buci, avec des Figures en bois. *An-*
vers, 1569. *petit in* 8. *parch.*

622 Les Métamorphofes d'Ovide, en
vers italiens, par Gabriel Symeoni,
avec des Figures en bois. *Lyon,*
1584

623 Les Métamorphofes d'Ovide, par
Ant. Tempefte. *vol. in* 4. *oblong.*
parch.

624 Les Métamorphofes d'Ovide en
Rondeaux, par Benferade, avec les
Figures de le Clerc & Chauveau. *Paris,*
de l'Imprimerie Roïale, 1676. *in* 4. *v.*

625 Difcours du Songe de Polyphile,
avec des Figures en bois. *Paris*, 1554.
petit in fol. v.

626 *Cento Favole &c.* ou Recueil de
Cent Fables italiennes, tirées des meilleurs Auteurs anciens & modernes,
par J. Marie Verdizotti, avec des Figures en bois, d'après le Titien. *Ve-*
nife, 1661.

627 *Octavius Ferrarius de Re Vefliaria*, ou
Traité des Habillemens des anciens
Romains, par Octave Ferrarius, avec
Figures. *Padoue*, 1654. *in* 4. *parch.*

628 *Habiti Antichi &c.* ou Recueil
d'anciens habillemens de diverfes Na-
tions du Monde, avec des Figures
gravées en bois, d'après le Titien &

l'explication italienne. *Venife*, 1664. livre rare. *in* 8. *v.*

20 | 1 | 629 Les Cris de Bologne, d'après le Carache, par Mitelli. *Rome*, 1660. *in fol. parch.*

22 | | 630 L'Etat préfent de la Chine, par le P. Bouvet Jéfuite, en Figures, gravées au trait ; il y en a deux épreuves de chacune, l'une en blanc & l'autre enluminée. On a joint à la fin les Habillemens de l'Empire du Mogol. *Paris*, 1697. *in fol. v.*

4 | | 631 Hiftoire de l'Empire Ottoman, par Briot, avec Figures de le Clerc. *Paris*, 1670. *in* 4 *v.*

28 | 19 | 632 Les Habillemens du Levant de M. Feriol, avec les Explications, augmentés de la Danfe des Dervis, avec la Mufique, & de l'enterrement Turc, Pieces qui ne font pas dans les éditions ordinaires. *Paris*, 1715 *in f. v.*

30 | | 633 Recueil de Modes, de Saint Jean, Bonnard, & autres. *in fol. v.*

10 | 15 | 634 Le Caroufel de Louis XIV, avec le Difcours latin, premiere édition de 1662. *in fol Carta maxima. pap.*

36 | 3 | 635 La Grotte de Verfailles & l'explication, les Plaifirs de l'Ifle Enchantée, & les Statues & Buftes, de Mellan & Baudet. *in fol. v.*

636 Mémoire pour servir à l'Histoire
des Plantes, par M. Dodart, avec les
Figures de Robert, livre rare, *de
l'Imprimerie Roïale*, 1676. *grand in
fol. v.*

637 Le Théâtre de Flore, de Pierre Fi-
rens, ou Recueil de Fleurs. *Paris*,
1633. *in fol. papier.*

638 Recueil de Poiſſons, d'Albert Flamen. *in 4. oblong. v.*

639 Les Peintures du Sépulchre des
Naſons, gravées par Pietro Sante, avec
les explications de P. Bellori. *in fol.
parch.*

640 Les Bas reliefs antiques de Rome,
gravés par Pietro Sante. *in fol. oblong. v.*

641 *Juſti. Lipſi Saturnalia &c.* ou Diſ-
cours de Juſte Lipſe, ſur les Satur-
nales, les Gladiateurs & les Amphi-
théâtres des anciens Romains, avec
Figures. *Anvers, chez Chriſtophe Plan-
tin*, 1585. *petit in 4. baſanne.*

642 L'Architecture de Vitruve, traduite par C. Perrault, avec Figures,
dont pluſieurs de le Clerc. *Paris*,
1693. *in fol. mar. rouge :* exemplaire
qui vient de la Bibliotheque de M. de
Colbert, dont toutes les figures ont
été choiſies des plus belles épreuves.

643 Ordonnance des cinq eſpeces de

Colomnes, par C. Perrault. *Paris,* 1683. avec Figures de le Clerc & autres. *in fol. v.*

644 Les quatre Livres de l'Architecture d'André Palladio, mis en françois, avec des Figures en bois. *Paris,* 1650. *in fol. v.*

645 Les Palais de Rome, deſſinés par Pietro Ferrerio, de l'édition de Roſſi. *in fol. obl. v.*

646 Les Peintures du Palais du T. d'après Jules Romain, & celles de Raphael, d'après les Peintures antiques du Palais de l'Empereur Titus, gravées par Pietro Sante. *petit in fol. obl. parch.*

647 La Friſe du Palais du T. à Mantoue, d'après Jules Romain, gravée par Antoinette Bouzonnet Stella. *petit in fol. parch.*

648. Les Figures du Virgile, gravées par Pietro Sante, d'après de très anciens Deſſeins qui ſont dans un Manuſcrit du Vatican. *Rome 1725. in fol. parch.*

649. Les Loges du Vatican, par Chaperon *in-f. oblong. v.*

650. *Ædes Barberinæ,* ou les Peintures du Palais Barberin à Rome, gravées par Bloemaert, d'après Pierre de Cortonne, avec les explications de

Jérôme Tetio. *Rome,* 1647. *in-f. v.*

651. Desseins de toutes les parties de l'Eglise de Saint Pierre de Rome, par Jacques Tarade, *in-fol. v.*   9

652. Les Eglises, Monasteres, Palais, & autres Edifices de Vienne en Autriche, & des environs, gravés avec beaucoup de propreté par André Pfeffel. *gros volume in-fol. oblong. v.*   48

653. Les Plans, Coupes, & Elevations de l'Academie des Sciences, de la Bibliotheque, & des Cabinets de Curiosités que le Czar Pierre le Grand a fait construire à Saint Petersbourg, avec le plan de cette Ville : recueil curieux, & qu'on ne trouve point ici ; gravé à Saint Petersbourg en 1741, avec beaucoup de soin ; il avoit été envoyé en présent à Monsieur Potier. *in-f. v.*   66

654. Mémoires pour l'Histoire des Animaux ; premiere & seconde partie, & la Mesure de la Terre, avec Figures de le Clerc. *grand in-f. veau.*   70

655. Les Pierres antiques d'Angelo Canini, gravées par Picart, Valet, & autres, avec l'explication Italienne. *Rome* 1669. *in-fol. veau.*   4   11

656. Les Pierres Antiques, gravées par B. Picart en soixante-dix pieces. *in-f. parch. vert.*   12

657. Les Portraits en Médaillons de tous les Rois d'Espagne, depuis Athaulfe le Goth, jusqu'à Charles II, dernier Roi de la Maison d'Autriche, gravés par Van-Wester *à Rome*, 1684. *in-4. mar. roug*

658. Médailles sur les principaux évenemens du Regne de Louis le Grand, avec des Explications Historiques, de l'Imprimerie Royale, 1702. *in-fol. veau f.*

Pour rendre cet Exemplaire plus parfait, on a choisi des premieres Epreuves tirées avant l'Edition, auxquelles on a joint les Explications de l'*in-4.°* ajustés proprement à chassis dans les bordures de l'*in-fol.* & on y a écrit avec soin la Préface, qui ne se trouve pas ordinairement dans l'Edition, & qui est extrêmement rare, parce qu'elle a été supprimée.

659. Le même Livre, derniere édition augmentée, 1723. *in-f. mar. r. doré sur tranche.*

660. Histoire Metallique de la Republique de Hollande, par Bizot, avec les

Figures de le Clerc. *Par.* 1687 *in-f. v.*

660. *bis.* Les Fêtes données à Anvers à l'arrivée de l'Archiduc d'Autriche. *Anvers*, 1595. *in-fol. avec fig.*   4 | 1

661. Les Desseins du Temple & du Palais de Salomon, par M. Maillet, dans lesquels le Clerc a gravé les petites figures qui ornent ces bâtimens. *Paris*, 1695. *in-f. v.*   6 | 10

662. Nouveau Systeme du monde conforme à l'Ecriture Sainte, par S. le Clerc, avec figures. *Paris*, 1708. *in-8. v.*   3 | 1

663. Pratique de la Géometrie, par S. le Clerc. *Paris*, 1669. *in-12. v.*   3 | 1

664. *Nova Geometria*, &c. avec figures copiées de celles de le Clerc. *Amsterd.* *in-12. v.*   3

665. Traité de Géometrie de le Clerc, avec de nouvelles figures par M. Cochin le Fils, & Chedel. *in-8. v.*   8 | 1

666. Discours sur le point de vûe, par S. le Clerc. *Paris*, 1679. *in-12. mar. rouge.*   4

667. Essais d'Analyse sur les jeux de hasard, avec Vignettes de le Clerc. *Par.* 1708. *in-4. v.*   5 | 10

668. Traité de Perspective à l'usage des Artistes, par E. Seb. Jeaurat avec figures. *Paris*, 1750. *in-4. v.*   10 | 5

669. Les Plans & Elevations de l'Hôtel-   7 | 2

de-Ville d'Amsterdam, avec les Statues, & autres ornemens de Sculptu-
res du même édifice faits par Artus
Quellinus, & gravés par Hubert
Quellinus. *Amsterdam, in-4. parch.
reliure d'Hollande.*

670. Traité d'Architecture de S. le Clerc.
Paris, 1714. 2. vol. in-4. v. avec fig.

671. Les Figures du Livre précédent, en
papier.

672. Le Cours d'Architecture de Daviler
avec le Dictionnaire des Termes. *Par.
1691, chez J. Mariette. 2. v. in-4. fig.*

673. *Diarium Nauticum*, ou Description
de trois voyages en Norwege, Mos-
covie, Tartarie, la Chine, la Nou-
velle Zemble, &c. par Gerard de
Vera, avec figures. *Amsterd. 1598.
petit in-f. parch.*

674. Topographie des principales Villes
du Monde, dediée à Jean de la Valette, Grand Maître de l'Ordre de St.
Jean de Jerusalem, aujourd'hui Mal-
the. *Venise, 1568. petit in f. oblong.*

675. Recueil des vûes de 100 principales
Villes de l'Univers, par P. Schenk,
dedié à Frederic Guillaume, Roi de
Prusse, avec le Portrait de ce Prince.
Amsterd. 1702. in-4, oblong. v. f.

676. Le petit Beaulieu, contenant les
Plans Topographiques en petit des

conquêtes de Louis XIV. *en 4. vol.*
in-4. oblongs. v.

677. Les Cartes Géographiques de Janf-
fon & Hondius, en vingt-deux pieces,
in-fol. parch.

678. Les Beautés de la France, par De-
Fer. *en papier.*

679. Recueil de vûes d'Angleterre & de
France, gravées par Rigault, Chaf-
telain, & autres, *in-fol. oblong. parch.*
vert.

680. *Le Vite de' Pittoridi Giorgio Vafari,*
avec les Portraits en bois. *Boulogne,*
1648. 3. *vol. in-4. parch.*

681. La Vie des Peintres Venitiens, en
Italien, par Ridolfi, avec des Portraits
en taille-douce. *Venife*, 1648. *in 4. v.*

681. *bis.* Un Volume *in-4.* contenant 37
Portraits de Peintres Italiens.

682. Vie des premiers Peintres du Roi,
Paris, 1752. *in-12. v.*

683. La Vie des Peintres Flamands, par
M. J. B. Defcamps, avec leurs Portraits. 2. *vol. in-8. v. Paris*, 1753 &
1754.

684. Copie manufcrite du Traité de
Peinture de Leonard de Vinci, faite
en Italie par le Pouffin, avec de très
belles figures deffinées par cet excellent Maître, *in-4. v.* c'eft d'après ce

manuscrit qu'a été faite l'Edition Italienne.

3	10	685. Traité de Peinture de Leonard de Vinci, avec fig. *Paris*, 1716. *in-12, v.*
3	9	686. Autre Exemplaire du même Livre.
1	10	687. Les Proportions du Corps Humain, par Albert Durer, avec des Figures en bois, & l'Explication Allemande. *Arnhem*, 1603. *petit in-f. v.*
8	5	688. Les Proportions du Corps Humain mesurées sur les plus belles Figures antiques, par G. Audran, avec fig. *Paris*, 1683. *in f. parch.*
5		689. De la maniere de graver à l'Eau forte & au Burin, par A. Bosse, nouvelle Edition avec fig. *Paris*, 1745. *in-8.*
2		690. Explication des Tableaux de la Galerie de Versailles, avec Figures, de le Clerc. *Versailles, chez Muguet*, 1687. *in-4. v.*
5	10	691. Cabinet des singularités d'Architecture, Peinture & Sculpture, par Florent le Comte. *Paris*, 1699. 3. *vol. in-12. v.*
6		692. Dictionnaire des Monogrames avec fig. *Paris*, 1750. *in 8. v.*
		693. Dix Volumes *in-12. & in-8. en veau*, formant un recueil de Catalogues de divers Cabinets de Curiosités.

SÇAVOIR.

1.ʳ *Vol.* Catalogue raifonné de Coquilles, par Gerfaint, 1736. Catalogue
d'Eftampes & d'Hiftoire naturelle, par
le même, 1737.   7

2.ᵉ *Vol.* Catalogue du Cabinet de Lorangere, par le même avec celui des
Livres, 1744.   9

3.ᵉ *Vol.* Catalogue de M. Bonnier, 1744,
& celui de M. de la Roque, 1745,
par le même.   8

4.ᵉ *Vol.* Catalogue de Tableaux, & celui
des Coquilles de M. Sevin, 1749,
par le même. Catalogue des Livres de
M. Gerfaint, & celui de fes Eftampes,
Deffeins & Tableaux, par les Sieurs
Helle & Glomy, 1750.   6

5.ᵉ *Vol.* Catalogue de Rembrandt, commencé par M. Gerfaint, & continué
par les Sieurs Helle & Glomy, 1751.   6

    Catalogue de Rubens, Jordaens &
Wifcher, par le Sieur Hecquet, 1751.

6.ᵉ *Vol.* Catalogue de Poilly & Wouwerman, par Hecquet : Catalogue d'Eftampes des trois Ecoles, par le même,
1752.   6

    Catalogue raifonné des diverfes cu-
riofités de M. Cotin, par les Srs. Helle
& Glomy, avec les prix, 1752.

7e *Vol.* Catalogue des Livres & Estampes de M. Geofroy, & celui du Cabinet, du même, par M. Geofroy, Medecin, 1753.

Catalogue des Tableaux, &c. de M. Coypel, avec les prix, par M. Mariette, 1753.

Description des Statues & Bustes de M. Crozat, faite pour la vente de M. du Chastel, par M. Mariette, 1750.

Catalogue de la Galerie de Dresde.

Catalogue d'un Cabinet d'Estampes, 1753.

8e *Vol.* Catalogue de Rembrandt de M. Gersaint, augmenté par les Srs Helle & Glomy, 1751.

Catalogue de la Collection de Rembrandt du Cabinet de Burgy. *la Haye*, 1755.

Catalogue du Cabinet du Bourguemestre Tersmitten. *Amsterdam*, 1754.

Catalogue des Estampes de M. de Clairembault, avec les prix, 1755.

9e. *Vol.* Catalogue raisonné du Cabinet de M. le Duc de Tallard, par les Srs Remy & Glomy, 1756, avec les prix.

10e. *Vol.* Catalogue des Tableaux de M. le Baron de Thiers, 1755.

Catalogue des Tableaux du Prince de Carignan, 1742.

Catalogue

Catalogue des Tableaux du Cheva-
lier de Couvay.

Catalogue des Tableaux de M.
Pasquier, par le Sieur Remy, 1755,
avec les prix.

Catalogue des Livres & Estampes
de M. Racine, 1755.

Catalogue du Cabinet de l'Abbé de
Fleury, 1756.

694. Recueil de Catalogues d'Estampes
manuscrits; savoir, ceux de le Clerc,
Edelinck, B. Picart, manuscrit &
imprimé; les Tableaux du Roi, une
suite gravée des Pavillons de Mer de
chaque Nation, & une éloge impri-
mée du Cavalier Bernin, avec deux
Vignettes de le Clerc.

695. Sentimens des plus habiles Peintres sur la Pratique de la Peinture,
par H. Testelin. *Paris*, 1680. *in-fol.*
parch,

696. Recueil de diverses Pieces reliées ensemble; savoir, Reflexions sur
les différentes Ecoles de Peinture,
par M. le Marquis d'Argens. *Paris*,
1752. Mémoire sur la Ville souter-
raine d'Herculanum, *Paris*, 1748,
Lettre manuscrite sur les Peintures de
la même Ville, *Bruxelles*, 1751.
Etat & Description des Statues & au-

G

tres curiosités de M. le Cardinal de Polignac. *vol in-8. v.*

697. Observations sur la Peinture, par M. Gaultier, *Tome premier, in - 12. Paris*, 1753.

697. *bis.* Daphnis & Chloé de la bonne édition, montée à chassis dans le format *d'in-4.* Les Figures sont parfaites d'épreuve, *reliées en mar. bleu.*

698. Plusieurs Porte-feuilles vuides, qui seront détaillés à la vente : ils sont la plûpart couverts en veau avec le dos doré, & dans quelques-uns il y a du papier blanc,

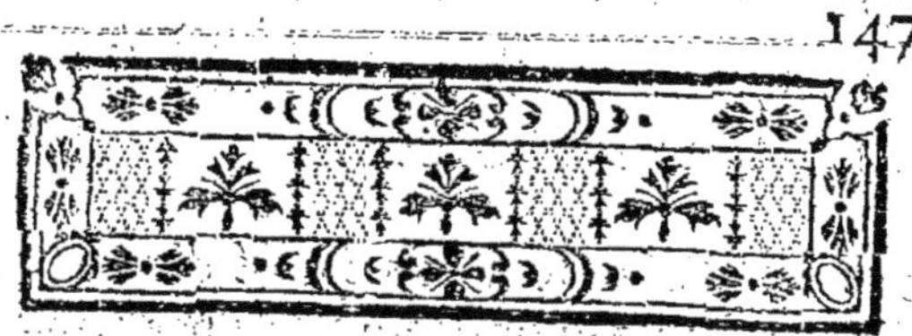

TABLEAUX.

MOnsieur Potier n'eut jamais dessein de former un Cabinet de Tableaux : la place que ces morceaux auroient occupée, étoit destinée à ranger une nombreuse Bibliotheque de Livres choisis, particulierement sur le Droit, Ouvrages nécessaires à son Etat. Cependant son amour pour les Arts ne lui a pas permis de se refuser quelques morceaux : il en avoit eu particulierement plusieurs de le Sueur, qui étoit son Heros en Peinture, dont il s'est défait avec quelques autres, peu de temps avant sa mort. On verra par la Note suivante, qu'il en reste encore qui peuvent entrer dans les meilleurs Cabinets.

G ij

Les mesures des Tableaux sont prises sans les bordures.

52   699. Saint Claude accompagné d'un enfant : Tableau qui a été peint par Lanfranc, pour un Secretaire du Cardinal Antoine, qui en fit présent au
Grand-pere de M. Potier son ami. Il
est peint dans la grande maniere ordinaire au Lanfranc, & d'autant plus
recommandable, qu'on ne trouve
presque point de Tableaux de chevalet
de cet excellent Maître, dont le genie
vaste & fécond ne s'exerçoit ordinairement que sur de grandes ordonnan-
ces. Sa hauteur est de 3. pieds, sur 26
pouces de large.

6   2   700. Une copie du Tableau précédent,
même grandeur que l'original.

30   701. Un Païsage de Jean-Francesque
Grimaldi, dit le Bolognese, où se
voit sur le devant le Baptême de N. S.
par St Jean : ces Figures sont dessinées
dans le goût du Carache, dont ce
Maître étoit Eleve, & les Sites du
Païsage sont singuliers & piquants : il
porte 2 pieds 6 pouces de large, sur 2
pieds de haut.

102   702. Une Esquisse de Rubens, représentant Enée surpris de l'orage, donnant

la main à Didon pour l'aider à descen-
dre de cheval ; ce morceau est d'une
touche légere , & d'un Dessein plus
suelte que n'ont coûtume d'être les
ouvrages de ce Maîrre. Il doit piquer
les vrais Amateurs qui savent distin-
guer les talens d'un excellent Peintre ,
à travers les négligences d'une premiere pensée : la grandeur est de 2
pieds de large , sur 18 pouces de haut.

703. Un Hyver peint sur bois , par Wouwerman , d'un coloris vigoureux , &
d'une touche ferme : ce morceau, qui
appartenoit autrefois à M. Gersaint , a
été gravé par Moyreau. N. 36 : il a 18
pouces de large , sur 13 de haut.

704. Un Païsage orné de Figures , par
Bartholomée Breemberg , de sa premiere maniere , qui tenoit beaucoup
de celle de Salvator Rose , & qu'il a
quittée depuis pour donner dans un
goût *léché* , à la vérité plus gracieux ,
mais bien moins savant : ce morceau
est d'un effet piquant & composé
comme Salvator : il porte 3 pieds de
large , sur 20 pouces de haut ; & est
renfermé dans une bordure de bon
goût.

705. Une Copie de ce même Tableau ,
de pareille grandeur.

706. Un Païsage de Corneille Poelem-

bourg, dans lequel paroît un Berger qui regarde une femme endormie: ce petit morceau, qui eſt d'un fondu gracieux, porte 9 pouces de large, ſur 6 de haut.

100   707. Un joli Païſage de Van-Velde, donnant une vûe des environs d'Anvers; ſur le devant paroît un cheval & quelques autres animaux : ce petit morceau, peu chargé d'ouvrage, eſt peint avec une fraîcheur & un ſoin admirable: il porte 12 pouces de large, ſur 9 de haut.

48   708. Un Païſage avec figures, des derniers temps de David Teniers, d'un pied de haut, ſur 1 pied 9 pouces de large.

10   709. Un Tableau de Nicaſius, repréſentant des chiens pourſuivants un lievre: ſa grandeur eſt de 3 pieds 4 pouces de large, ſur 2 pieds 6 pouces de haut.

110   19   710. La Vanité, Sujet allégorique, peint par Jacques Jordaens. On y voit une femme à ſa toilette, la Folie eſt à côté qui lui tient un miroir, & devant elle un Philoſophe lui montre une tête de mort, au-deſſus eſt une Banderole ſur laquelle on lit ces mots Flamands. *Kent V. Selven*, ce qui ſignifie, connois-toi toi-même: cette compoſition eſt fierement touchée, & d'un coloris

extrêmement vigoureux. Elle est gravée dans l'Œuvre de Jordaens, & se
trouve au N°. 27 du Catalogue de ce
Maître, par Hecquet : la grandeur du
Tableau est de 4 pieds 6 pouces de large, sur 3 pieds 5 pouces de haut.

711. Une Adoration des Rois, de Van-
Orley, Eleve de Rubens, peinte sur
bois, de 12 pouces de haut, sur 16
pouces de large.　　　　　　　56　1

712. Bacchus enfant porté sur des nuages, par des Amours & de jeunes Sa-
tyres. Tableau agréable de l'Ecole de
Rubens, de 18 pouces de haut, sur 2
pieds de large.　　　　　　　6　2

713. Le Jugement de Paris, Tableau sur
bois, de 17 pouces de haut, sur 13 de
large.　　　　　　　25　1

714. Une Tête de Vieillard, de l'Ecole
de Rubens : Tableau de 14 pouces de
large, sur 17 pouces de haut.　　10

715. Une Tête de Vieillard de Ferdinand Bol, Eleve de Rembrandt, de 7
pouces 9 lignes de haut, sur 6 pouces
4 lignes de large.

716. Un Vieillard lisant : Tableau sur
bois de l'Ecole de Gerard Dow : sa
hauteur est de 8 pouces 4 lig. de haut,
sur 6. pouces 8 lignes de large.　　60

717. Deux différentes vûes du Château
de Bruxelles, ornées de beaucoup de　52

Figures dans le goût de Both. Le Peintre a repréſenté dans une de ces vûes le feu qui ſort avec violence d'une des parties du Château , & une multitude empreſſée à porter de l'eau pour l'éteindre : cette incendie eſt peinte avec beaucoup de vérité : ſa grandeur eſt de 3 pieds 9 pouces de large , ſur 2 pieds 10 pouces de haut.

104 6 718. Un joli petit Tableau de Paul Brill , peint avec grand ſoin ſur cuivre ; il repréſente N. S. ſoutenant St Pierre ſur les eaux : il porte 5 pouces de haut, ſur 7 pouces de large.

72 1 719. Un Hiver , peint par Van-Uden : Tableau de 15. pouces de large , ſur 11 pouces de haut.

31 1 720. Salmacis & Hermaphrodyte, peints ſur cuivre par le petit Moyſe , Eleve d'Adam Elſeimer : la grandeur de ce morceau eſt de 7 pouces 9 lignes de large , ſur 6 pouces 9 lignes de haut.

18 12 721. Un Païſage d'Huiſmans de Malines , de 2 pieds 7 pouces de large , ſur 2 pieds 2 pouces de haut.

48 1 722. Un Païſage de Wenix , Peintre Flamand , de 11 pouces de haut , ſur 15 pouces de large.

36 723. Deux Païſages de Baudouin avec les Figures de Both : Tableaux de 7 pouc. de large , ſur 6 pouces de haut.

724. Un Païſage orné de figures, par
Moucheron, dans une bordure Hol-
landoiſe : ce Tableau qui eſt ſur bois,
porte 17 pouces de haut, ſur 15 p. de
large.

725. Un petit Païſage de Bergas, Peintre
qui a travaillé dans la maniere de Van-
Uden : ce morceau porte 7 pouces 6
lignes de large, ſur 5 pouc. 6 lignes
de haut.

726. Deux Marines de Zeeman, d'environ 1 pied de large, ſur 8 p. de haut.

727. Deux enfants jouant avec une chevre : petit Tableau joliment peint ſur
cuivre, par Pitre Wouwerman, frere
de Philippes : il porte 6 pouces de
large, ſur 5 de haut.

728. Deux jolis Tableaux de Fleurs, par
Verandal, Maître Hollandois, qui a
peint dans le goût de Mignon : ils portent 14 pouc. de haut, ſur 11 pouces
de large.

729. Venus couchée, endormie, ayant
à ſes côtés Adonis qui répand des
fleurs ſur ſa tête : dans le fond eſt un
petit Amour qui tient deux chiens en
arrêt. Ce gracieux morceau peint par
le Pouſſin, eſt d'un coloris plus vigoureux que ne le ſont ordinairement les Tableaux de ce grand Pein-

G v

tre, & l'effet en est admirable : Il a
été gravé en maniere noire, par Smith:
il porte.

13 15 730. Une rencontre de Cavalerie : Tableau de l'Ecole de Vander-Meulen,
de 2 pieds 4 pouc. de large, sur 1 pied
9. pouces de haut.

56 1 731. Moyse présenté à la fille de Pha-
raon : Tableau de Bertholet, bon
Peintre qui a suivi la maniere du
Poussin ; le fond, qui représente le
Frontispice d'un Temple, est de le
Maire : ce morceau porte 3 pieds de
haut, sur 4 de large.

41 1 732. Une Vierge de Douleur assise au
pied de la Croix, très bien peinte par
Ph. Champagne, & d'une belle conservation ; ce Tableau a été gravé par
Edelinck, & porte 25 pouc. de haut,
sur 19 de large.

8 733. Un Tableau Allégorique de le
Sueur, qui représente la Vertu au-
dessus des Puissances : ce morceau qui
tient un peu de la maniere du Vouet,
annonçoit dans l'Auteur, les talens qui
l'ont mis au premier rang de l'Ecole
Françoise : il porte 2 pieds 8 pouc. de
haut, sur 20 pouces de large.

5 734. Une Copie du même Tableau, de
grandeur conforme à l'original.

735. Une Emblême de la Coquetterie, représentée par une jeune fille qui s'ajuste devant un miroir : ce Tableau est peint sur un fond doré, par Corneille l'aîné, de 2 pieds de large, sur 20 pouces de haut.	4	10
736. Un Païsage orné d'un grand morceau d'Architecture, peint par P. Patel, dans son bon temps ; l'effet en est extrêmement gracieux : il porte 3 pieds 4 pouces de large, sur 2 pieds 10 pouces de haut.	42	
737. Deux Batailles peintes à l'huile dans la maniere de Paroſſel, de 15 pouc. de large, sur 11 de haut.	7	4
738. Un Païsage orné de Figures, dans la maniere de Franciſque, de 3 pieds de large, sur 29 pouces de hauteur.	18	12
739 Huit Païsages de Chavanne, de son meilleur temps : ils portent 26 pouces de haut, sur 32 de large. On les détaillera à la vente.	144	13
740. Le Triomphe de Flore, compoſition agréable, peinte à *guazze* par Cotelle, montée sous glace, de 12 pouces de large, sur 6 de haut.	48	1
741. Trois Païsages peints à *guazze*, par Patel, montés sous verre, de 7 pouces, 6 lig. de haut, sur 11 pouc. de large.	26	12
742. Un Païsage avec Figures, peint à	8	16

G vj

guazze, de 17 pouc. de large, fur 10 pouc. de haut ; il eft fous verre.

743. Un Hiver peint à *guazze*, & un Païfage peint à l'huile fur bois : ils portent environ 8 pouces de large, fur 8 de haut.

744. Deux Païfages à *guazze* fous verre, de 12 pouces de large, fur 8 de haut.

745. La Famille de Darius, d'après le Brun, coloriée fur un trait gravé : elle eft montée fous verre, de 15 pouces de haut, fur 11 de large.

746. Une Tête de Vierge, deffinée à la plume, d'après Raphael, fous verre, de 8 pouces de haut, fur 7 de large.

747. Un Païfage & un Portrait, peints à l'huile, & une petite Eftampe fous verre.

748. Un Chien couchant, peint à l'huile par Depouches.

749. Un Tableau de Bercheyden, repréfentant l'intérieur d'une Ville, où fe voit un Prêtre allant porter les Sacremiens, fuivi de plufieurs perfonnes : ce morceau eft peint avec foin dans le goût de Van-Derfden : il porte 18 pouces de haut, fur 14 de large.

750. Une Préfentation au Temple, peinte fur cuivre par Bizet, Eléve de Rubens : morceau de 10 pouces de large, fur 13 de haut.

751. Deux Tableaux de Bifchop, repréfentant des Canards dans un Païfage :
ils font d'un très beau fini : leur
grandeur eft de 23 pouces de large,
fur 19 de haut.

FIN.

APPROBATION.

J'Ai lu, par ordre de Monfeigneur le
Chancelier, le Manufcrit Intitulé *Catalogue Raifonné des Tableaux*, &c. de
feu M. Potier, & je n'y ai rien trouvé
qui pût en empêcher l'impreffion. *A
Pàris*, ce 25 Novembre 1756. COCHIN.

E T A T

Des Numeros qui feront vendus chaque jour, dont on entremêlera les diverfes matieres.

Le Lundi 28 Fevrier, 1757.

D E S S E I N S.

Les Nos. 1, 14, 17, 53, 63, 64, 65, 106, 113, 151, 165, 165 *bis.*

E S T A M P E S.

Les Nos. 166, 172, 201, 214, 244, 248, 248 *bis.* 259, 306, 313, 313 *bis.* 314, 320, 325, 332, 393, 393 *bis.* 406, 406 *bis.* 414, 417, 428, 436, 493, 499, 498; 497, 501, 509, 513, 521, 537, 586.

L I V R E S D'E S T A M P E S.

Les Nos. 600, 611, 611 *bis.* 612, 613, 618, 620, 622, 625, 682, 691, *premiere Partie* de 698.

Le Mardi, premier Mars.

DESSEINS.

Les Nos. 11, 20, 32, 45, 54, 66, 100, 102, 127, 132, 138, 164.

ESTAMPES.

Les Nos. 168, 174, 212, 246, 250, 255, 262, 263, 291, 312, 312 *bis.* 315, 323, 328, 335, 340, 340 *bis.* 342, 342 *bis.* 399, 418, 420, 421, 444, 494, 495, 496, 500, 502, 506, 516, 520, 528, 545, 545 *bis.* 548, 585.

LIVRES D'ESTAMPES.

Les Nos. 607, 615, 619, 621, 623, 671, 678, 685. *Seconde Part. de* 698.

Le Mercredi, 2 Mars.

DESSEINS.

Les Nos. 10. 19. 34. 43. 61. 67. 78. 114. 123. 125. 131. 163.

ESTAMPES.

Les Nos. 175. 196. 218. 238. 260, 260 *bis.* 266. 290. 295. 305. 309. 322. 326. 333. 347. 347 *bis.* 366. 370. 370 *bis.* 397. 397 *bis.* 407. 410. 429. 435.

448. 450. 453. 454. 458. 503. 507.
511. 514. 524. 533. 533 *bis.* 546.

Livres d'Estampes.

Les Nos. 601. 604. 608. 614. 626. 664.
674. 686. *troisieme Partie de* 698.

Le Jeudi, 3 Mars.

Desseins.

Les Nos. 13. 18. 29. 38. 48. 68. 73. 104.
130. 134. 147. 156.

Estampes.

Les Nos. 178. 188. 217. 232. 251. 252.
253. 258. 280. 304. 311. 321. 324.
334. 351. 356. 363. 371. 384. 409.
411. 419. 425. 437. 452. 457. 461.
481. 512. 523. 526. 534. 571. 574.
580. 582.

Livres d'Estampes.

Les Nos. 606. 610. 616. 617. 628. 633.
637. 644. 677. *quatrieme Partie de* 698.

Le Vendredi, 4 Mars.

Desseins.

Les Nos. 22. 25. 44. 50. 56. 72. 77. 103.
139. 152. 152 *bis.* 154.

ESTAMPES.

Les Nos. 176. 181. 215, 223. 249. 256. 265. 277. 293. 299. 307. 317. 319. 329. 336. 339. 348. 348 *bis.* 353. 375. 413. 422. 438. 447. 455. 456. 462. 466. 508. 515. 519. 527. 530. 530 *bis.* 572.

LIVRES D'ESTAMPES.

Les Nos. 603. 609. 630. 631. 635. 638. 646. 647. 667. 668. *cinquieme Partie de* 698.

Le Samedi, 5 Mars.

DESSEINS.

Les Nos. 15. 23. 46. 52. 58. 80. 81. 120. 124. 148. 157. 157 *bis.*

ESTAMPES.

Les Nos. 173. 182. 213. 243. 254. 257. 261. 276. 283. 308. 318. 331. 361. 364. 369. 369 *bis.* 376. 387. 387 *bis.* 398. 430. 441. 443. 449. 463. 468. 472. 492. 510. 518. 525. 538. 541. 554.

LIVRES D'ESTAMPES.

Les Nos. 605. 632. 640. 643. 649. 657.

661. 665. 673. 675. 679. 692, 696.
derniere Partie de 698.

Le Lundi, 7 Mars.

DESSEINS.

Les Nos. 8. 12. 26. 41. 55. 84. 92. 109.
122. 133. 159. 159 *bis.*

ESTAMPES.

Les Nos. 179. 184. 189. 191. 219. 231.
240. 279. 285. 286. 310. 316. 327.
330. 350. 350 *bis.* 354. 377. 392.
392 *bis.* 415. 434. 442. 445. 465.
473. 474. 484. 517. 529. 539. 540.
549. 573. 596.

LIVRES D'ESTAMPES.

Les Nos. 624. 634. 641. 645. 651. 654.
655. 656. 660. 660 *bis.* 676. 688.
689.

Le Mardi, 8 Mars.

DESSEINS.

Les Nos. 6. 24. 39. 60. 62. 76. 83. 105.
135. 142. 162. 162 *bis.*

ESTAMPES.

Les Nos. 169. 185. 187. 190. 194. 211.
226. 228. 229. 231 *bis.* 274. 284.

338. 352. 362. 368. 372. 378. 378
bis. 382. 382 bis 390. 401. 403. 412.
431. 460. 467. 475. 491. 505. 522.
531. 544. 547. 550. 556. 583.

LIVRES D'ESTAMPES.

Les Nos. 599. 639. 652. 659. 662. 666.
683. 687. 690. 695.

Le Mercredi, 9 Mars.

DESSEINS.

Les Nos. 5. 28. 37. 47. 57. 82. 85. 117.
126. 140. 158. 158. bis.

ESTAMPES.

Les Nos. 167. 177. 186. 193. 207. 208.
220. 241. 242. 247. 278. 281. 294.
296. 297. 300. 337. 355. 367. 374.
383. 388. 388 bis. 440. 446. 464.
469. 479. 485. 535. 542. 543. 553.
559. 566. 568. 576. 581. 584. 584
bis. 587.

LIVRES D'ESTAMPES.

Les Nos. 636. 648. 663. 681. 681 bis.
697. 697 bis.

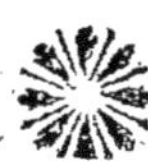

Le Jeudi, 10 Mars.

DESSEINS.

Les Nos. 9. 21. 36. 75. 86. 90. 94. 108.
119. 137. 143. 161. 161 *bis*.

ESTAMPES.

Les Nos. 192. 195. 198. 204. 205. 237.
239. 245. 270. 273 *bis*. 292. 298.
302. 341. 343. 360. 373. 379. 385.
391. 391 *bis*. 396. 402. 404. 416.
423. 439. 470. 476. 478. 482. 486.
536. 551. 557. 560. 562. 570. 575.
577. 579.

LIVRES D'ESTAMPES.

Les Nos. 597. 598. 650. 653. 669. 680.

Le Vendredi, 11 Mars.

DESSEINS.

Les Nos. 4. 33. 42. 49. 74. 79. 88. 93.
111. 115. 129. 141. 155.

ESTAMPES.

Les Nos. 180. 183. 199. 210. 227. 233.
234. 235. 236. 269. 273. 275. 289.
301. 349. 365. 380. 381. 389. 394.
405. 424. 426. 432. 471. 483. 487.
488. 489. 490. 552. 564. 558. 565.
567. 569. 578.

LIVRES D'ESTAMPES.

Les Nos. 602. 627. 629. 642. 658. 670. 672. 684. 693 & 694.|

Le Samedi, 12 Mars.

DESSEINS,

Les Nos. 2. 35. 40. 71. 91. 96. 96 bis. 97. 107. 118. 136. 144. 153.

ESTAMPES,

Les Nos. 170. 197. 200. 209. 225. 230. 268. 287. 288. 346. 359. 386. 400. 408. 427. 451. 480. 555. 561.

TABLEAUX.

Les Nos. 708. 709. 711. 713. 714. 716. 720. 722. 725. 726. 727. 736. première Partie de 739. seconde Partie de 739. 742. 745. 746. 750. 751.

Le Lundi, 14 Mars.

DESSEINS.

Les Nos. 7. 30. 51. 59. 70. 87. 98. 101. 110. 121. 145. 149. 160.

ESTAMPES.

Les Nos. 171. 202. 216. 221. 222. 224. 272. 282. 303. 345. 358. 433. 459. 477. 504. 532. 563.

TABLEAUX.

Les Nos. 701. 706. 707. 712. 715. 717.
721. 723. 730. 731. 732. 737. 738.
troifieme Partie de 739. quatrieme Part.
de 739. 740. 741. 743. 749.

Le Mardi, 15 Mars

DESSEINS,

Les Nos. 3. 16. 27. 31. 69. 89. 95. 99.
112. 116. 128. 146. 150.

ESTAMPES.

Les Nos. 203. 206. 264. 267. 271. 344.
357. 395.

PLANCHES GRAVÉES, MÉDAILLES, &c.

Les Nos. 588. jufques & compris 593.
594. 595.

TABLEAUX.

Les Nos 699. 700. 702. 703. 704. 705.
710. 718. 719. 724. 728. 729. 733.
734. 735. 747. 748. cinquieme & derniere Partie de 739. 744.

FIN.

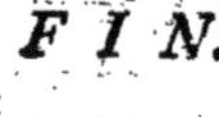